Lateinische Inschriften im Unterricht

Entdeckendes Lernen und sprachliches Kombinieren

zusammengestellt und kommentiert
von Claudia Verbeet

Verlag Moritz Diesterweg
Frankfurt am Main

PARENTIBUS · AMICIS · MAGISTRIS

ISBN 3-425-04768-X

Druck und Bindung: Zechnersche Buchdruckerei, Speyer/Rhein

INHALTSVERZEICHNIS

VORWORT

Die vorliegende Arbeit wurde in ihrem wissenschaftlichen Inhalt während meiner Studien- und Assistentenzeit an der Universität zu Köln erarbeitet. Ihre didaktisch-methodische Behandlung im Unterricht erfolgte während meiner Ausbildung am Studienseminar in Hamburg. An dieser Stelle möchte ich meinen Lehrern und Ausbildern in Köln und Hamburg herzlich danken.

Dem Römisch-Germanischen Museum in Köln danke ich für die Überlassung der Fotografien aus dem Rheinischen Bildarchiv. Ferner danke ich dem Landesmuseum in Mainz für die Fotografiererlaubnis.

Mein besonderer Dank gilt Herrn Thomas Köhler aus dem Verlag Moritz Diesterweg für seine Ermunterung bei der Fertigstellung dieser Arbeit und Herrn Hans Kurig, der Korrektur gelesen hat.

Hamburg, Februar 1996 Claudia Verbeet

LATEINISCHE INSCHRIFTEN IM UNTERRICHT[1]
Entdeckendes Lernen und sprachliches Kombinieren

In dieser Arbeit stelle ich römische Grabinschriften vor. Sie werden in der vorgefundenen Majuskelschrift und in Umschrift mit Übersetzung und Kommentar geboten. Angeregt durch die Unterrichtsmodelle von Germann (AU 6/83 24ff.) und Knoke (AU 6/85 62ff.), habe ich eine epigraphische Unterrichtseinheit konzipiert.[2] Sie beschränkt sich auf Inschriften aus dem Raum Köln,[3] Bonn und Mainz, weil wir vorzugsweise dorthin Klassenreisen mit unseren Lateinschülern durchführen. An den ersten Inschriften wird die von mir für den Unterricht empfohlene Arbeitsweise exemplarisch dargelegt. Vielleicht kann es Kollegen Mut machen, dieses Gebiet einmal im Unterricht zu behandeln.

Wie schon Knoke darstellt, sind "Inschriften im Unterricht ... unmittelbare Quellen einer Lebenswirklichkeit, die literarische Quellen oft nicht zu zeigen vermögen, sie geben Einblicke in das, was sich als 'Alltagsleben', fern aller literarischen Transformationen darstellt." (a.a.O.S.88) Um den Schülern den Eindruck des unmittelbaren Kontaktes mit der antiken Welt spürbar werden zu lassen, wählte ich aus dem Bereich der Inschriften das Gebiet der Grabinschriften aus, da gerade hier soziale Wirklichkeit aus der individuellen Lebensgeschichte des Toten am unmittelbarsten deutlich wird. Besonderes Interesse verdienen diejenigen Inschriften, die über die Angaben zum Leben des Verstorbenen hinaus Auskunft geben über den Stifter des Steines und seine Beziehung zum Toten, da sie in ihrer emotionalen Färbung Einblick in das Gefühlsleben der Römer ermöglichen.[4] Um den unmittelbaren Kontakt zur

1 Diese Unterrichtseinheit ist für Schüler ab 10. Klasse konzipiert. Kenntnisse der lateinischen Metrik (Hexameter) sind erforderlich.

2 Über Realien im Lateinunterricht s. Wülfing, Peter, Altertumskunde — Die Welt der Römer im Lateinunterricht, in: Höhn / Zink, Handbuch Sek.II 300-333.

3 Zur Einstimmung auf die Kölner Inschriften empfiehlt sich die Infodia serie 202, Römische Steindenkmäler von Karl.-H. Hatlé, die im Römisch-Germanischen Museum in Köln zu erwerben sind.

4 Knoke, Inschriften aus den Rheinlanden, S.86: Da zeichnen sich oft starke Gefühle der Trauer, des Schmerzes, der Zuneigung ab. Aufschlußreich sind längere Grabgedichte, in denen sich oft nicht nur Privates, sondern auch ein Stück individueller Lebensphilosophie mit bemerkenswerten Einblicken in Denken und Fühlen der Toten jener Zeit bietet.

Antike herzustellen, ist es sinnvoll, den Schülern keinen bereinigten, aufbereiteten Text zu bieten, sondern sie mit den "Originalen" zu konfrontieren.[5]

Die Arbeitsweise geht dabei vom Bekannten zum Unbekannten, vom Einfachen zum Komplizierteren voran. Bereits Bekanntes wird in fremdem, ungewohntem Zusammenhang neu entdeckt und durch sprachliches Kombinieren ein aktives Einsetzen der Lateinkenntnisse erreicht.[6] Dabei begrenzt sich das entdeckende Lernen nicht nur darauf, die Schüler lateinische Worte und Grammatik in neuem Zusammenhang entdecken zu lassen mit dem Ergebnis der Texterstellung, sondern sie sollen darüber hinaus die Denkweise der Römer verstehen und den römischen Alltag begreifen, d.h. einen Einblick in die Kultur- und Sozialgeschichte der Römer bekommen.

Sprachliches Kombinieren ist bei dieser Arbeitsform sehr gefragt, da die Schüler vor dem Problem stehen, die scriptura continua des Originals in eine sinnvolle Folge von einzelnen Worten aufzulösen. Es beginnt beim bloßen Entziffern von Buchstaben und Worten und geht bis hin zu "philologischen" Überlegungen.

Didaktische Überlegungen

Inschriften als unmittelbare Zeugen der Antike vermitteln in stärkerem Maße als die überlieferten Texte den unmittelbaren Zugang zu antikem Leben und antiker Weltanschauung. Ich enge das Gebiet auf Grabinschriften ein, da sie in stärkerem Maße Gefühle und Anteilnahme der Menschen widerspiegeln

5 Vgl. dazu Germann, A., Die Göttin Fortuna. Inschriften, Altäre, Darstellungen, Tempel. Eine Unterrichtseinheit für die Sekundarstufe I. in: Der altsprachliche Unterricht (= AU) 6 (1983) 26: Die dafür ausgewählten Inschriften werden hier ganz bewußt nicht in modernen Druckbuchstaben, sondern in ihrer Originalform auf dem jeweiligen Monument durch Nachzeichnung oder durch Photographie wiedergegeben. Sie können so auf eine Folie mechanisch oder von Hand übertragen und mit Hilfe des Tageslichtprojektors den Schülern vorgelegt werden. Dadurch soll, wenn schon nicht vor dem Original im Museum selbst, dem Schüler im Klassenzimmer eine anschaulichere Begegnung mit römischen Monumenten ermöglicht werden.

Anders der Ansatz bei Knoke und Leretz. [Knoke, F., Römische Inschriften in den Rheinlanden, Quellentexte, in: AU 5 (1985) 90-113 (= Rhenania Romana. Das Leben am Rhein im Spiegel römischer Inschriften, Altsprachliche Textausgaben Sammlung Klett, Stuttgart 1986); Leretz, H., Lateinische Inschriften aus dem antiken Rom und der Germania Romana (Lateinische Klassiker Schöningh), Paderborn 1985].

6 Hier geht es nicht darum, sich Phänomene der lateinischen Grammatik am Text zu vergegenwärtigen, sondern darum, Grammatikkenntnisse bei der Erschließung eines Textes aktiv einzusetzen.

und über die Nennung von Namen, Filiation, Alter, Beruf, Dienstzeit u.ä. hinaus Einblicke in das Gefühlsleben der Römer ermöglichen.

Werden Inschriften im Unterricht behandelt, so sollen sie meines Erachtens in ihrer Originalform dargeboten werden. Wenn es nicht möglich ist, Stein und Schrift im Museum sinnlich (durch Anfassen, Herumgehen) in allen drei Dimensionen zu erfahren, dient die Fotografie dem gewünschten Zweck. Denn durch den unmittelbaren Eindruck von den Steinen wird bei den Schülern ein Motivationsschub ausgelöst und in ihnen das Gefühl von archäologischem Pioniergeist geweckt.[7] Da sie es mit einem Dokument zu tun haben, das mit Hilfe bereits vorhandener Vokabel- und Grammatikkenntnisse und kriminalistischem Spürsinn zum Sprechen gebracht werden kann, werden sie von einer natürlichen Neugierde dazu angetrieben, den Text s e l b s t zu entziffern und zu enträtseln.[8] Dabei dient ihnen die lateinische Sprache als Mittel die Probleme zu lösen.

Anders als beim erdachten Text im Lehrbuch oder als in aufbereiteten Textausgaben (z.B. Caesar in einer Schulausgabe) bewirkt ein Original beim Schüler ein unmittelbares Problemverständnis. Durch Originale wird die Simulation von Problemen im normalen Lateinunterricht durchbrochen, die Schüler "brüten" über unbearbeiteten Texten, die, im Unterschied zum Lehrbuch oder der für Schüler aufbereiteten Lektüre, noch nichts von ihrer Ursprünglichkeit verloren haben. Es ist daher nicht sinnvoll, den Schülern eine aufbereitete Inschrift vorzulegen,[9] da dann der unmittelbare Bezug wegfällt und sich die Präsentation des Textes nicht wesentlich von der üblichen Lektüre unterscheidet.

Fachtermini werden nur soweit unbedingt erforderlich eingeführt, um die Schüler nicht mit wissenschaftlicher Terminologie unnötig zu belasten. Es wird z.B. sinnvoll sein, den Begriff "Totenmahl" zur Beschreibung des Reliefs der Maternus-Inschrift, "Christogramm" zur Bezeichnung des christlichen Symbols der Martinianus-Inschrift sowie den Begriff "Ligatur" zur Bezeichnung zweier zusammengeschriebener Buchstaben einzuführen.

7 Vgl. L. Robert, Die Epigraphik der klassischen Welt, Bonn 1983, S.21.

8 Über die Motivationskraft von Rätsel s. bei J. Steinhilber, Medienhandbuch, S.80f. 19.2.3 Rätsel.

9 Vgl. Knoke und Leretz, die die Inschriften mit Auflösungen und die Grabgedichte bereits hexametrisch wiedergeben. Lücken werden nicht gekennzeichnet, Abweichungen nicht kenntlich gemacht.

Das in der Epigraphik verwendete "Leidener Klammersystem" soll auf die runde Klammer ( ), die für die Ergänzung von Wörtern, die auf dem Stein abgekürzt geschrieben worden sind, und die eckige Klammer [ ], die auf dem Stein nicht erhaltene Buchstaben kennzeichnet, beschränkt werden. Die spitze Klammer < > zur Bezeichnung von Zusätzen oder Änderungen und die geschweifte Klammer { } für Tilgungen von Buchstaben werden zu Beginn noch nicht eingeführt, da die verschiedenen Klammerformen zu Anfang nur Verwirrung stiften. Ein senkrechter oder schräger Strich (| oder /) markiert den Zeilenumbruch.

Begründung der Textauswahl

Die Schüler sollen nicht gleich am Anfang durch einen zu komplizierten Text frustriert das Interesse und ihre Motivation, die dieses neue Thema bietet, verlieren. Daher soll von kurzen, überschaubaren und sprachlich recht einfachen Inschriften zu komplexeren übergegangen werden.

So sind die ersten Inschriften unter folgenden Gesichtspunkten ausgewählt worden:

- Zur Einführung eine kurze Grabinschrift mit Worttrennern und gebräuchlichen Abkürzungen, die die Schüler zunächst an das Thema "Inschriften" heranführen soll. (Inschrift für Maternus)
- Eine kurze, übersichtliche Grabinschrift ohne Worttrennung, die sprachlich keine zu hohen Anforderungen an die Schüler stellt, zur Heranführung an Inschriften ohne Worttrennung. (Inschrift für Martinianus)
- Eine längere, sprachlich anspruchsvollere Inschrift, wenn die Schüler im Umgang mit Inschriften schon etwas geschult sind. (Inschrift für Optata)
- Zur Vertiefung eine thematisch verwandte Inschrift von ähnlichem Schwierigkeitsgrad. An dieser Inschrift läßt sich das Verhältnis der Eltern zu ihren verstorbenen Kindern gut herausarbeiten. (Inschrift für Catulus)
- Eine Inschrift, die sich gut zur Ergebniskontrolle eignet, da sie möglichst viele im Unterricht behandelten Themen vereint, dabei aber nicht zu umfangreich und zu kompliziert ist. (Inschrift für Artemia)

Bei den ausgewählten Inschriften handelt es sich um Grabinschriften bzw. – bis auf die erste Inschrift, die ein Veteran für sich zu Lebzeiten und für seine verstorbene Frau aufstellen ließ, – um Versinschriften, wobei die Eltern diese Inschriften für ihre verstorbenen Kinder gesetzt haben. Sie passen aber nicht nur thematisch und von ihrem (ansteigenden) Schwierigkeitsgrad her gut zusammen, auch orthographische Phänomene wie die Monophthongierung (z.B. ae > e) treten in diesen Inschriften auf.

Methodische Überlegungen

a. Medieneinsatz

Wie bereits in den didaktischen Überlegungen ausgeführt, soll im Unterricht am "Original", d.h. mit Fotografien der Inschriften gearbeitet werden, um den unmittelbaren Kontakt zur antiken Welt herzustellen.

Neben der Tafel, die zum Notieren von Vokabeln und Wortfeldern, von Auflösungen und Kurzkommentaren zu den Inschriften eingesetzt wird, kommt der Tageslichtprojektor zum Einsatz. Die Abbildungen (bzw. Abschriften) der Inschriften werden auf Folie übertragen und dienen — neben dem mit der Folie identischen Schülerarbeitsblatt — im Unterricht als gemeinsame Arbeitsgrundlage, so daß Unklarheiten und kritische Stellen des Textes für alle sichtbar am projizierten Bild demonstriert werden können. Bei den Inschriften in scriptura continua können die Schüler aktiviert werden, ihre Ergebnisse auf einem Overlay farbig einzuzeichnen oder Schlüsselwörter zu markieren, so daß die Arbeit am Text und die einzelnen Stufen der Texterstellung deutlich werden.

b. Arbeitsverfahren

Die Schüler sollen durch selbständiges problemorientiertes Arbeiten die gestellten Aufgaben, z.B. Texterstellung lösen. Der Lehrer gibt dabei Hilfestellung und Impulse, vermeidet es aber durch vorschnelles Ablehnen falscher Lösungsansätze, die Schüleraktivitäten zu bremsen. Er läßt auch "falsche" Deutungen zu,[10] um den Schülern die Möglichkeit zu geben, in gemeinsamer Arbeit an dem Problem selbständig zur Lösung gelangen zu können. Das führt bei den Schülern zu einem Erfolgserlebnis, da sie das Gefühl haben, den

10 Z.B. die Bestimmung der Form *dulcissime* als Adverb des Superlativs oder *optate* als 2.P.Pl. des Imperativs, was beides formal stimmt, aber inhaltlich nicht zu halten ist.

falschen Ansatz durch eigene Fachkompetenz korrigiert und das Problem selbständig gelöst zu haben.

Die Texterstellung soll durch eigenes Denken und Kombinieren erfolgen. Zunächst muß der Schüler die Buchstaben auf dem Stein entziffern und die Inschrift transkribieren. Der nächste Schritt besteht darin, Wortgrenzen zu finden und einzuzeichnen, da die Texte meist in scriptura continua verfaßt sind.

Nachdem der Text gemeinsam erstellt, Abweichungen diskutiert worden sind und man sich auf eine vorläufige Version des Textes geeinigt hat, kann der Text übersetzt und kommentiert werden. Dabei kann es sich durch die Interpretation als notwendig erweisen, die vorläufige Textversion abzuändern. Diese Aufgabe sollen die Schüler durch gegenseitige Hilfe selbständig lösen, ohne (frühzeitiges) Eingreifen von seiten des Lehrers. Jedoch soll und muß der Lehrer Hilfestellung geben, wenn es notwendig ist, d.h. wenn sich die Schüler völlig verrennen, muß der Lehrer eingreifen. Er macht auf Widersprüche aufmerksam, faßt als Diskussionsleiter die Ergebnisse zusammen und gibt neue Impulse und Anregungen.

Die Schüler sollen gemeinsam an einem Problem arbeiten. Der Lehrer weiß als Fachmann etwas mehr als die Schüler, hält sich aber mit seinem Wissen zurück und beeinflußt die Schüler nicht bei "falschen" Überlegungen und Lösungen, da sie auch über Umwege ans Ziel kommen werden.

INSCHRIFT FÜR MATERNUS

FO:	Köln, Kunibertskloster
AO:	RGM, Insel 109
Material:	Kalkstein
Abm.:	91 x 61,5 x 13,5
BH:	Z.1: 3,5 Z.2-5: 3
Zeit:	2. Jh.

D·M·C·IVL·MATERNVS
VET·EX·LEG·I·M·VIVS·SIBI
ET·MARIE·MARCELLINAE
COIIVGI·DVLCISSIME
CASTISSIME·OBITAE·F

D(is) M(anibus) C(aius) Iul(ius) Maternus
vet(eranus) ex leg(ione) I M(inervia)
viv(u)s sibi et Mari(a)e Marcellinae
coiiugi dulcissim(a)e
castissim(a)e obitae f(ecit)

Übersetzung:
Den Totengöttern. Caius Iulius Maternus, Veteran der erste Legion Minervia, stellte (diesen Stein auf) für sich zu seinen Lebzeiten und für Maria Marcellina, seine verstorbene liebste und treueste Ehefrau.

Diese Inschrift mit Worttrennern stammt aus dem 2.Jh. n.Chr. und steht unter einem Relief mit der Darstellung eines Totenmahles, Maternus im Kreise seiner Familie. Zunächst empfiehlt es sich, die Schüler das Totenmahl beschreiben zu lassen.[1]

1 Im Vordergrund steht ein dreibeiniger Tisch mit Tischdecke und einer Schale mit Äpfeln (?). Dahinter sitzt Maternus auf einem Polster, links neben ihm seine Frau, die auf dem Schoß ein Obstschale hält, während hinter ihrer linken Schulter ein kleiner Hund hervorlugt. Links und rechts am Bildrand zwei kleinere Gestalten. Maternus ist unproportional größer dargestellt als die übrigen Personen, was auf seine Stellung innerhalb der Familie schließen läßt. Bei den beiden kleineren Personen links und rechts könnte es sich aufgrund des Größenverhältnisses um die Kinder des Maternus handeln. Da die rechte Gestalt aber einen kleinen Krug in der Hand hält, wird es sich um zwei Sklaven handeln, die ihren Herrn bedienen. Ihre Größe läßt sich aus ihrer sozialen Stellung erklären.

Inschrift für Maternus

Im Anschluß an die Betrachtung und Interpretation des Reliefs kann man sich dem Text zuwenden. Ein erster Schritt besteht nun darin, die Inschrift von den Schülern entziffern und eine Abschrift herstellen zulassen, was durch die Worttrenner erleichtert wird.

In dieser Inschrift werden die für eine heidnische Inschrift typischen Abkürzungen D M für *D(is) M(anibus)* verwendet. Diese Information muß vom Lehrer gegeben werden. Die Auflösung der Abkürzungen C. IVL kann in Analogie zu *C. Iulius Caesar* und dem Hinweis auf die römische Namensgebung (praenomen, nomen, cognomen) von den Schülern gemeinsam erarbeitet werden. Daß LEG im Ablativ stehen muß, ist den Schülern durch die Präposition *ex* klar. Problematisch sind das I und das M als Abkürzungen für Prima[2] und Minervia[3]. Die Schüler werden hier Zahlzeichen vermuten, so daß hier der Lehrer hilfreich eingreifen muß. Daß mit VIVS *vivus* gemeint ist, gibt zu der Erklärung Anlaß, daß die Römer U und V nicht unterschieden haben und V hier für V und U steht oder ein V vom Steinmetz vergessen wurde.[4] Die Monophthongierung von *ae* zu *e* kann man die Schüler anhand des Namens *Marie* = *Mariae Marcellinae* erkennen lassen. Analog dazu können dann die Formen *dulcissime* und *castissime* erklärt werden. Bei der Auflösung des F werden die Schüler unterschiedliche Lösungen anbieten, die zunächst – vom Lehrer unkommentiert – nebeneinandergestellt werden sollen. Die richtige Lösung F = *fecit* ergibt sich durch Abwägen der verschiedenen Lösungsmöglichkeiten von selbst.

2 Hier ist das Zahlzeichen I für die Ordinalzahl Prima verwendet worden.

3 Die erste Legion Minervia war in Bonn stationiert.

4 Das Phänomen, anstelle eines doppelten Buchstabens nur einen zu setzen, nennt man Haplographie.

Inschrift für Martinianus

INSCHRIFT FÜR MARTINIANUS

FO:	Köln, Gereonskloster
AO:	RGM, Insel 124
Material:	Kalkstein
Abm.:	76 x 58 x 16
BH:	Z.1-7: 4-5
Zeit:	4.-5. Jh.

HIC I ACETMARTI
NIA NVSQVILAETA
IVVENTAEPERD I D I I T
PAT R I BVSLACR I MA S
DIMISIT I NAEVOHICVIX
I TANNOS X X V I D I E S
XVIM INDIVIT

CHRISTOGRAMM

Mit der Martinianus-Inschrift wird ähnlich wie mit der des Maternus verfahren. Hier gibt es bis auf die Zahlenangabe nach *dies* und die Buchstabengruppe M INDIVIT keine Abkürzungen oder sprachliche Schwierigkeiten, jedoch ist diese Inschrift in *scriptura continua* verfaßt. Es wird den Schülern nicht mehr so leichtfallen, die Grenzen der einzelnen Worte herauszufinden. Die Texterstellung bis Z.7 *dies* XVI[1] sollte von den Schülern ohne Hilfe durch den Lehrer geleistet werden können.

Buchstabengruppen und Worte, die die Schüler entziffert haben, werden an der Tafel notiert. Dabei wird bewußt keine korrigierte Auswahl vorgenommen, sondern alles, was genannt wird, angeschrieben, um die iniziierten Denkprozesse bei den Schülern nicht durch unnötige Steuerung vorzeitig zu beenden. Das Ergebnis kann weit abführen und zum Beispiel folgendermaßen aussehen:

1 XVI als Zahlzeichen für 16.

HIC IACET MARTINI ANUS — Varianten: Marti ni anus, Ianus
QVI LAETA IVVENTA
DIMISITI NAVO
VIM INDVIT

Von dieser vorläufigen Version ausgehend können dann Verbesserungsvorschläge gemacht werden. Parallel zur Texterstellung, wobei auf Ligaturen hinzuweisen ist, sollte der Erwartungshorizont abgesteckt werden: Um welche Art von Inschrift handelt es sich? (Grabinschrift) Mit welchen Informationen haben wir vermutlich zu rechnen? (Name des Verstorbenen, Alter u.ä.)

Es ergibt sich: Wahrscheinlich haben Eltern ihrem Sohn diesen Stein gesetzt, denn er ließ seine Eltern in Tränen zurück: *patribus lacrimas dimisit in aevo.*[2] Über den Beruf des Martinianus und seinen Familienstand können die Schüler Vermutungen anstellen. Da eine Ehefrau nicht erwähnt wird, ist anzunehmen, daß er (noch) nicht verheiratet war. Das Alter des Martinianus ist genannt: *vixit annos XXVI.* Das Christogramm mit dem XP für Χριστος gibt an, daß es sich um eine christliche Inschrift handelt. So werden Gesichtspunkte für die Erarbeitung des Textes gewonnen.

Die Form *perdidiit* bedarf einer Korrektur. Liegt eine Dittographie des *i* vor, dann erhält man *perdidit.* Die Verknüpfung mit *laeta iuventae* ergibt einen guten Sinn. Liegt ein Verschreiben aus *perdidit* und *et* vor,[3] so sind mögliche Anhaltspunkte zu erarbeiten. Daß sich von *perdidit* bis *in aevo* ein metrisch einwandfreier Hexameter lesen läßt, gibt der letzten Version den Vorzug.[4]

Schwierig bleibt die Buchstabengruppe M INDIVIT, für die es zwei Varianten gibt:

1. M(ilitavit) IN DIVIT(ia) = er diente in Divitia. Martinianus wäre demnach Soldat im rechtsrheinischen Befestigungslager Divitia gewesen.
2. M(inus) IN D(*eo*) IVIT (= *iit*).[5] = er ging in Gott. Das *minus* muß zur Altersangabe gezogen werden: *annos XXVI dies XVI minus* .

2 Aus metrischen Gründen steht hier *patribus* für *parentibus.*
3 Es wäre z.B. an folgende Schreibweise zu denken: PERDIDITꟻT.
4 Vgl. dazu Lebek, Drei lateinische Hexameter, ZPE 20 (1976) 167-170
5 Vgl. Galsterer. Dazu P.Frisch, ZPE 42 (1981) 152, der glaubt die Schlußformel als seltenere Variante der sehr häufigen Akklamation *in deo vivas*, nämlich als *in d(eo) {v}ivit* auflösen zu können.

Die Deutung der Schlußformel *in deo ivit* – er ging in Gott – ist aufgrund der christlichen Symbolik (Christogramm) naheliegend.

Beide Lösungsmöglichkeiten sollten den Schülern genannt und zur Diskussion gestellt werden. Abschließend ergibt sich dann folgender Text:

Hic iacet Marti|nianus, qui laeta | iuventae
perdidit et | patribus lacrimas | dimisit in aevo.
Hic vix|it annos XXVI dies | XVI m(inus)
In d(eo) ivit.

Übersetzung:
Hier ruht Martinianus, der das Fröhliche der Jugend (= die fröhliche Jugend) verlor und seinen Eltern Tränen hinterließ für ein ganzes Leben. Hier lebte er 26 Jahre weniger 16 Tage. Er ging in Gott.

Inschrift für Optata

INSCHRIFT FÜR OPTATA

FO:	Köln, bei St. Gereon
AO:	St.Gereon, in der Nikolauskapelle eingemauert
Material:	Kalkstein, unten abgebrochen
Abm.:	48 x 48,5
BH:	2,2 - 4
Zeit:	4. / 5. Jh.

OPTATEICNOMENSIςNA
TVMCARMINETRISTI
NOMENDVLCESVISETLAM
ENTABILESEMPERORTATV
ςENITVRETMATERNEMESIA
ADEFLET INIQVA OMISE
RIFATORVMSORTE
PARENTES PARVVLA QVISRAPTA
EST·AIQ·VNICA HEVMALE
MENSIS·POSTDECIMVMNONV
CLAVSITPROPRANTIAFATA

Bei dieser in Scriptura continua verfaßten Inschrift ist es wichtig, daß Konstruieren, inhaltliches Erschließen und sprachliches Kombinieren als sinnvolle Methoden, nicht einzeln nacheinander angewandt werden, sondern miteinander kombiniert werden. Nach dem Transkribieren des Textes und der Einzeichnung der Wortgrenzen ist es daher zunächst sinnvoll, einen Assoziationsrahmen abzustecken. Um welche Art von Inschrift handelt es sich? Für wen wurde die Inschrift verfaßt? Von wem? So kann eine Menge Informationen zusammengetragen werden: Es handelt sich um eine Grabinschrift für ein kleines Kind *parvula rapta est* ; *parvula* ist femininum, daher muß es sich um ein kleines Mädchen handeln, das einzige Kind seiner Eltern: *unica. sors* und *fata* sind Hinweise auf den Tod, ebenso drücken *carmine tristi* und *flet* [1] Trauer aus. Die in Z.8 genannten *parentes* sind die Stifter der Inschrift. Eine Zeitangabe wird genannt *post decimum* . Die *parentes* werden näher

1 Die Form *flet* ist zunächst eine Arbeitshypothese.

bestimmt und die Mutter des Mädchens benannt *mater Nemesia*.[2]. Leistungsstarke Kurse werden bemerken, daß die Form *parentes* an Mutter und Vater denken läßt und *Optatus* (< *Ortatu*) als Namen des Vaters nennen. Nun ist es keine Schwierigkeit mehr, das Wort *genitur* als Verschreiber für *genitor* 'Vater', 'Erzeuger' zu deuten.

Um den Text der Inschrift zu erstellen, sind noch einige Probleme zu lösen. So wird *Optate* (Z.1) wahrscheinlich von *Optatus* abgeleitet und als Vokativ verstanden; denkbar ist auch der Imperativ Plural von *optare*. Leistungsstarke Lerngruppen werden vielleicht in Analogie zur Maternus-Inschrift die Monophthongierung (*ae* > *e*) erwägen und die Form zu *Optatae* auflösen und den Namen der Tochter aus dem Namen des Vaters ableiten.

Das IC bietet Anlaß zur Erläuterung, daß hier ein Buchstabe fehlt, der schon im klassischen Latein nicht immer ausgesprochen wurde und im heutigen Französisch nur noch geschrieben wird, nämlich das H.[3] So ergibt sich *hic*. In der 3. Zeile kann aus DVLCESVIS (*dulce suis*) auch *dulces vis* gelesen werden, ist aber aufgrund des Kontextes und der Grammatik zu verwerfen, da *dulce* gut zu *nomen* paßt.[4]

Bei der Form *adeflet* scheint es sich um eine Dittographie des A von *Nemesia* zu handeln, also ein Versehen des Steinmetz; das überflüssige *a* ist daher zu tilgen. Der Singular *deflet* als Prädikat zu *Optatus genitor et mater Nemesia* ist zwar ungewöhnlich, aber zulässig.[5] In Z.8 muß *quis* = *quibus* (Dat.pl.) verstanden werden, wie es z.B. auch schon bei Vergil und Sallust verwendet wird.

Durch Zusammenstellen von Wortgruppen und der Herstellung von Beziehungen zwischen einzelnen Worten läßt sich der Text gut erschließen: *iniqua sorte fatorum* – durch ein ungerechtes Los des Schicksals; *miseri* als Beziehungsort zu *parentes* . Bei der Form AIQ, die mit Hilfe des Lehrers zu *atque* aufgelöst wird, kann ein Flüchtigkeitsfehler des Steinmetz angenommen werden, nämlich das Vergessen der Querhaste des T. *heu male mensis* scheint zunächst problematisch, da *male* als Adverb nicht zu *mensis*

2 Der Name wird den Schülern Schwierigkeiten bereiten, da er ihnen unbekannt ist.

3 Eine wahre Fundgrube für dieses vulgärlateinische Phänomen sind neben den pompejanischen Wandinschriften Grammatikerzeugnisse zu nennen wie z.B. die Appendix Probi oder Marius Victorinus. Vgl. dazu auch Catull 84,1ff und Quint. Inst. I 5,19ff.

4 Es ist sinnvoll alle Möglichkeiten von *suis* bestimmen zu lassen, um z.B. nicht auf die maskuline Form festgelegt zu sein.

5 Vgl. Menge 6 II b.

gestellt werden kann: Es kann als Ausruf des Bedauerns verstanden werden: ach, wie schlecht! oder auf *clausit* bezogen werden. *prop(e)rantia* [6] gehört zu *fata* und kann Nom. oder Akk.Pl. sein. Der Nominativ muß ausgegrenzt werden, da das Prädikat *claudit* im Singular steht. Daraus folgt, daß *mensis* Subjekt des Satzes ist: der Monat ... schloß ab. Der Wortblock *post decimum nonu* wurde bisher außer acht gelassen. Da *decimum* im Akkusativ steht, kann *nonu(s)* als Adjektiv zu *mensis* gestellt werden: der 9. Monat schloß das eilende Leben nach dem 10. (Monat) ab.

Es stellt sich noch die Frage, weshalb hier von *carmine tristi* die Rede ist. Man kann die Schüler auf ein Grabgedicht schließen lassen. Es besteht aus sechs Hexametern.[7] Um jedoch 6 einwandfreie Hexameter zu erhalten, ist eine kleine Textänderung in V.3 vonnöten, da *et mater* das Metrum stört, *materque* jedoch einen fehlerfreien Vers bietet. Der Fehler ist auch hier wohl beim Steinmetz zu suchen, da dieser den metrischen Zwang nicht durchschaut und *et mater* für gleichwertig hält.

Es ergibt sich nun folgender Text:

Optat(a)e [8] *(h)ic nomen signa/tum carmine tristi/*
nomen dulce suis et lamentabile semper
Optatu<s> genitor {et} mater<que> Nemesia / {a}deflet.
iniqua o miseri fatorum sorte parentes,
parvula quis rapta est atq(ue) unica. Heu male mensis
post decimum nonu<s> clausit prop<e>rantia fata.

Übersetzung:
Für Optata. Den hier mit traurigem Lied bezeichneten Namen, den für ihre Angehörigen süßen und immer beklagenswerten Namen beweint der Vater Optatus und die Mutter Nemesia. Oh, ihr durch das Los des Todes zu bemitleidende Eltern, denen die kleine und einzige geraubt wurde. Ach, zur unrechten Zeit beendete der neunte Monat nach dem zehnten die eilenden Geschicke.

6 Zur Synkopierung des Vokals, einem bereits in der Antike bekannten Phänomen, vgl. Quint. I 6,19.

7 Schülern, die mit der lateinischen Metrik vertraut sind, bereitet es keine Schwierigkeit, das Gedicht metrisch zu analysieren.

8 *Optatae* kann als Dativ verstanden werden (s.o.), aber auch als Genitiv: Den hier im traurigen Lied bezeichneten Namen der Optata.

Zusammenfassend läßt sich festhalten, daß diese Verse für ein kleines Mädchen namens Optata verfaßt wurden. Optata bedeutet die 'Erwünschte' (vgl. griech. Aspasia, frz. Desirée). Das Thema dieser Inschrift ist die Trauer der Eltern – *nomen lamentabile semper* –, die mit diesem Gedicht den Verlust ihrer einzigen Tochter – *unica* – beklagen.

Daß es sich um ein kleines Kind handelt ist zum einen durch den Gebrauch des Wortes *paruula* , das ein sehr junges Kind, einen Säugling bezeichnet, zum anderen aus der Altersangabe ersichtlich: *post decimum nonu<s>* ; Optata starb nach 19 Monaten Lebenszeit. Die Todesumstände werden nicht genannt, stattdessen heißt es: *heu male mensis / post decimum nonu<s> clausit prop<e>rantia fata...* . Der Gedanke an die Parzen, die den Lebensfaden abreißen,mag in diesen Versen anklingen.[9]

Es kann sein, daß die Schüler bei dieser Inschrift vehement protestieren, daß man doch nicht alles, was man nicht versteht, zu einem Namen machen oder für einen Fehler des Steinmetz erklären kann. Dieser Einwand ist berechtigt, doch sollte man darauf hinweisen, daß es sich um eine Arbeitshypothese handelt, die mit Hilfe des Kontextes und vor allem unter Berücksichtigung der Grammatik noch überprüft werden muß. Falls nötig, muß man den Schülern durch einen kurzen Lehrervortrag verständlich machen, daß sie sich mit den Inschriften in der gleichen Lage wie ein Wissenschaftler vor einem Papyrus oder einer Handschrift befinden, nämlich einen Text unter Berücksichtigung der korrekten lateinischen Grammatik und Semantik zu erstellen und gegebenfalls auch zu ändern. Man kann die Schüler hier darauf hinweisen, daß auch die ihnen aus dem Unterricht bekannten Texte an vielen Stellen eine Bearbeitung erfahren haben, indem man den Schülern eine Seite aus einer kritischen Ausgabe vorlegt.

Da die Methode der Erarbeitung der Inschriften dargelegt worden ist und sich auf die übrigen übertragen läßt, werden die folgenden Inschriften in Transkription angegeben. Es folgt dann der (re)konstruierte Text und eine Übersetzung. Anschließend folgen ein Kommentar und eine Interpretation des Textes.

9 Zur Gleichsetzung von FATA und PARCAE cf. Lattimore 156f.

INSCHRIFT FÜR CATULUS

FO:	Köln, St.Gereon, Kreuzgang (in Zweitverwendung als Steinplatte eines ma. Grabes)
AO:	RGM, Köln, Magazin Inv.Nr. 77,94.16.
Material:	Kalkstein; leichte Abstoßungen am Rande; Schriftfeld von vier eingeritzten Linien umrahmt, in die zum Teil hineingeschrieben worden ist
Abm.:	H: 43-44 cm (nach Galsterer) B: 60,5 cm T: 9-10,5 cm57x 59 cm
Schriftfeld:	36-37 x 53,5 - 55,5cm
BH:	wechselnd 2-3,3 cm; Buchstaben unregelmäßig, zum Teil eher eingeritzt als eingemeißelt. Scriptura continua.
Zeit:	4.Jh. (nach Galsterer)

HEVSENITORNATODAT
TRISTITIADONASVPESTIS
QVOSQVESIBISOLVISPERA
4 BATREDDITHONORES
OMATERLVSVSPVERIRISVS
QVERECORDANSINGEMIE
ETDVLCISRECVIITLVC
8 TAMINALINGVECATVLVS
HVICNOMENTERDENIIN
LVMINEMENSIS

Heu genitor nato dat / tristi{ti}a dona supe<r>stis/
quosque sibi solvi spera/bat, reddit honores/
O mater, lusus pueri risus/que recordans
4 *ingemi<t>/ et dulcis rec<ol>it luc/tamina lingue*
Catulus / huic nomen ter deni in / lumine menses.

V. 1: lies: *genitor* ; zur Form des S = G vgl. Inschrift für Optata; TRISTITIA = Dittographie für *tristia;* SVPESTIS = *supe<r>stes* : als Überlebender

V. 4: INGEMIE = *ingemit;* ohne große Änderung gelangt man von *ingemie* zu *ingemit*, wenn man annimmt, daß E statt T geschrieben wurde.

RECVIIT = *recolit* ; die Bedeutung der Form RECVIIT kann aus dem Kontext erschlossen werden und muß hier soviel wie 'erinnern' heißen. Es bietet sich *recolere* – 'sich erinnern' 'sich ins Gedächtnis rufen' an, das nicht nur gut in den Zusammenhang paßt, sondern auch aufgrund der metrischen Zwänge zu verwenden ist.

Inschrift für Catulus

Übersetzung:
Weh, der Vater gibt seinem Sohn als weiter Lebender traurige Geschenke und erstattet ihm die Ehren, von denen er hoffte, sie würden ihm selbst (einmal) erwiesen. Ach, die Mutter seufzt in Erinnerung an das Spielen und Lachen ihres Jungen und ruft sich (immer wieder) die Bemühungen seiner süßen Zunge ins Gedächtnis zurück. Catulus war sein Name, dreißig Monate im Licht waren ihm gegeben.

Diese Inschrift beginnt ohne Praescript. Sie besteht aus fünf Hexametern.[1] Das Thema dieses Grabgedichtes ist die Trauer der Eltern über ihr zu früh verstorbenes Kind. Dabei fällt auf, daß jeweils zwei Verse für Vater und Mutter in paralleler Weise konstruiert worden sind. Der erste Vers beginnt mit den Worten: *Heu, genitor ... Heu* ist als Ausruf des Schmerzes und Wehklagens (interiectio lamentatis) zu verstehen, denn der Vater muß nun seinen Sohn bestatten, ihm einen Grabstein setzen – *tristia dona* . Die Reihenfolge des Sterbens ist – wie in der Inschrift für Martinianus – verkehrt, da der Vater als weiterlebender – *superstes* – dem Sohn nun die Ehren zukommenlassen muß – *reddit honores*, von denen er hoffte, sie selbst in Anspruch nehmen zu können – *quosque sibi solvi sperabat.*

Das exklamatorische – *o* – leitet dann zur Mutter des Jungen über, die, ganz anders als der Vater, der auf die Zukunft hin orientiert war, sich an die ersten Sprechversuche ihres Kindes erinnert ... *dulcis recolit luctamina linguae.*
Der fünfte Vers nennt dann den Namen des Kindes: *Catulus huic nomen.* und sein Alter – *ter deni menses* –, das aus metrischen Gründen umschrieben wird.

1 B. und H.Galsterer bemerken in der Erstveröffentlichung, daß es sich um ein "Grabgedicht in fünf mehr oder weniger geglückten Hexametern" handelt. Lebek [ZPE 45 (1982) 88-90] kann durch Konstituieren eines neuen Textes (unter Berücksichtigung der Metrik und durch Verschiebung der Wortgrenzen innerhalb der Scriptura continua) nur einen metrisch prosodischen Fehler nachweisen, die Längung der ersten Silbe von Catulus. "Die Unkenntnis der richtigen Prosodie ist bei einem in Poesie selten verwendeten Eigennamen entschuldbar." "Im Übrigen läßt das Gedicht einen Autor erkennen, der die Dichtersprache gut beherrscht und in Metrik und Prosodie durchaus zu Hause ist." (Lebek, a.a.O. S.90) Vgl. Kassel, ZPE 19 (1975) 211: Jeder Epigraphiker weiß, wie oft in Steinepigrammen ein hoffnungsvoll begonnener Vers über einem sperrigen Eigennamen zu Bruch geht.

Hier ruht Artemia

HIER RUHT ARTEMIA[1]

FO: Köln, bei St.Gereon
AO: in der Nikolauskapelle vermauert
Material: Sandstein
Abm.: (nach Galsterer) 57x 59 cm
rechte und linke untere Ecke abgebrochen; rechts fehlen vermutlich 2 Buchstaben, links von Z.9 unterer Teil der Haste des T bis Z.10 rechte Seitenkannte abgebrochen. Rechte Seitenkante angestoßen, Verstümmelung der Endbuchstaben.
BH: Buchstabenhöhe uneinheitlich, von Z.1 nach 10 hin größer werdend. Scriptura continua.

Z. 1-3	3 - 3,6	Z. 8	4,2 - 4,7
Z. 4-5	4 - 5	Z. 9	4,5
Z. 6	3 - 4,5	Z. 10	4,5 - 5
Z. 7	4 - 4,5		

Zeit: (nach Galsterer) 4./5.Jh.

HICIACETARTEMIA
DVLCISAPTISSIMVSINF
ANSETVISVGRATAET
4 VERBISDVLCISSIMA
CVNCTISQVATTVOR
INQVINTO [2] AD·XRM
DETVLITANNOS
8]NNOCENSSVBI
TOADCAELESTI[a
[REG]NATRANSIVI[T

Hic iacet Artemia / dulcis, aptissimus inf/ans
et visu grata et / verbis dulcissima / cunctis.
quattuor / in quinto ad Chr(istu)m / detulit annos,
4 *i]nnocens subi/to ad caelesti[a / [reg]na transivi[t.*

1 Die Artemia-Inschrift eignet sich gut zur Kontrolle und Sicherung der Unterrichtsergebnisse. (s. S.77f.)

2 Zu Z.6 bemerken Galsterer: "zwischen 'quinto' und 'ad' Steinverletzung, um die der Steinmetz herumschrieb." Hingegen schließt Klinkenberg die Lücke durch eine "bisheran übersehene Haste ..... welche über dem Schluß T des Wortes detulit aus derselben hervorragt: es war das Christusmonogramm in der Form ☧ ..... Die Gestalt des Bruches ... die Stelle ungefähr in der Mitte der Inschrift und die unmittelbar folgenden Worte ad Chr(istu)m bestätigen unsere Annahme." a.a.O. S.8

Übersetzung:
Hier ruht die süße Artemia, ein äußerst freundliches Kind, für alle liebreich anzusehen und ganz süß mit seinen Worten. Es lebte vier Jahre und ging im 5.Lebensjahr zu Christus. Unschuldig ging sie plötzlich in das himmlische Königreich.

Diese Inschrift ohne Prosapraescript, die aus vier Hexametern besteht, wurde für Artemia[3] gesetzt, vermutlich von ihren Eltern. Der Name der Verstorbenen ist von der heidnischen Göttin Artemis abgeleitet. In der Antike gilt Artemis als Göttin der menschlichen Fruchtbarkeit, der Hochzeit und Entbindung und besonders auch als Schirmerin der kleinen Mädchen. Ihr kommt daher Schönheit und Jungfräulichkeit zu.

Durch den Eigennamen ARTEMIA gerät der erste Hexameter leicht aus den Fugen, was jedoch bei der daktylischen Einleitungsformel *hic iacet* häufiger vorkommt.[4] Nach der Penthemimeres wird die zweite Silbe von *dulcis* gelängt. Zur Vermeidung eines Hiatus in bukolischer Dihaerese hat der Autor die maskuline Form des Adjektives *aptissimus* zu *infans* gestellt, aber in V.3 einen Hiat nach der Penthemimeres nicht unterlassen: *in quinto ad ....* . In Vers 4 wird das *o* von *innocens* gelängt, die erste Silbe von *transivit* gekürzt. Klinkenberg versucht, die metrischen Verstöße durch eine Lockerung der metrischen Gesetze zu erklären, "wie sie die poetische Litteratur des vierten Jahrhunderts selbst in ihren besseren Erzeugnissen kennzeichnet", und führt Ausonius als Beispiel an.[5]

Artemia wird als hübsches und äußerst begabtes Kind — *aptissimus infans* — bezeichnet, denn häufig stellen die Eltern Begabungen ihrer früh verstorbenen Kinder, die schon fast zu Wunderkindern werden, besonders heraus.[6] Der zweite parallel konstruierte Vers nennt Artemias angenehme

3 De Vit, Onomasticon: Artemia, Nomen muliebre Graecum 'Αρτεμια incolumitas, vel ἀρτεμέω, valeo, integris viribus sum.

4 s. Kassel, Quod versu dicere non est, ZPE 19 (1975) 211. Vgl. *Hic iacet Martinianus ...; Hic iacet Versemus ....*

5 Klinkenberg, a.a.O. S.9.

6 Galletier, 141: Les parents revèlent chez les enfants morts en bas âge l'éveil de l'intelligence. Vgl. die Inschrift für Xanthias.

Bei J.Abt und W.Vomm, Der Kölner Friedhof Melaten, Köln 1980, S. 183f. befindet sich unter Nr. 245 eine Inschrift aus dem frühen 19. Jahrhundert, die in drei Sprachen (Deutsch, Französisch und Latein (!)) verfaßt wurde. Sie soll wegen des Lokalkolorits angeführt werden. Die Inschrift wurde für die Brüder Ludwig und Adolph de Latte, die im Alter von 13 und 2 Jahren an Scharlach verstarben, verfaßt:
Multis ille bonis flebilis occidit nulli flebilior patri ... Ipsi non lugendi, lugendi parentes, quorum spem et gaudia secum abstulerunt. Ludovico amantissimo, amatis-

äußere Erscheinung — *et visu grata* — sowie ihre nette Art zu sprechen — *verbis dulcissima* .[7] Der dritte Vers nennt das Alter, in dem Artemia starb: *quattuor in quinto / ad Christum detulit annos.* Die Formulierung *ad Christum detulit* zeigt, daß es sich um eine christliche Inschrift handelt, aber ebenfalls die Adjektive *innocens* und *caelestia (regna)* gehören zum christlichen Wortschatz.

Nach Auflösung der Buchstaben XRM zu *Christum* kann man die Abkürzung als flexible Kontraktion, die in der Tradition des Jahwe-Tetragramms für nomina sacra üblich ist, behandeln.

simo et amore dignissimo filio puero in parentes reverentia, praecocibus facultatibus, candore, modestia et ingenio nec non corporis et animae pulchritudine praeclarissimo et Adolpho filio non minus dilecto, infanti optimo fratrique vultu et indole non impari afflictissimi parentes doloris et amoris monumentum hoc posuere, 1812.

Jener starb für viele Gute beweinenswert, keinem beweinenswerter als dem Vater ... Sie selbst sind nicht zu betrauern, zu betrauern sind die Eltern, deren Hoffnung und Freuden sie mit sich nahmen. Ludwig, dem äußerst liebevollen, geliebtesten und liebenswertesten jungen Sohn, der den Eltern gegenüber Ehrfurcht zeigte, in jungen Jahren hoch begabt war und durch Glanz, Bescheidenheit und Begabung und nicht zuletzt durch Schönheit des Körpers und des Geistes ausgezeichnet war,und Adolph, dem nicht weniger geliebten Sohn, ihrem besten Kind und dem Bruder an Aussehen und Begabung nicht ungleich, setzten die hochbetrübten Eltern dieses Denkmal des Schmerzes und der Liebe, 1812. (nach Vogts)

7 Wie in V.1 wird auch hier wieder der Superlativ verwendet.

Sidonius – Der Flötenspieler, Xanthias – Der Stenograph

SIDONIUS - DER FLÖTENSPIELER
XANTHIAS - DER STENOGRAPH

FO:	St.Ursula (1643)
AO:	RGM Köln, Inv.Nr.29.312, Insel 121
Material:	Platte aus Kalkstein. Mehrfach gebrochen und geklebt. Verlorene Buchstaben heute ergänzt; wegen Nachzeichnung der Buchstaben mit roter Farbe ist nicht ersichtlich, ob die Buchstaben in den Zeilen 11, 15, 18, und 20 noch vorhanden sind.
Abm.:	71,5 x 48,5 x 7,5
BH:	Z.1-8 : 2 cm Z.9-22: 2,5 cm Scriptura continua Die Angaben bei Galsterer sind ungenau, da dort für die Z.1-22 die Buchstabengröße von 1,8-2,2 cm angegeben wird.
Zeit:	Hirschfeld datiert die Inschrift in das 3.Jhr., Dessau tendiert sogar ins 4.Jh.; Rubensohn aufgrund der Metrik in die 2.Hälfte des 3. Jh.

HOCHOCSEPVLCRVMRESPICE
QVICARMENETMUSASAMAS
ETNOSTRACOMMVNILEGE
4 LACRIMANDATITVLONOMINA
NAMNOBISPVERISSIMVL
ARSVARIAPARAETASERAT
EGOCONSONANTIFISTVLA
8 SIDONIVSACRISPERSTREPENS
HOCCARMENHAECARAHICCINI[S
PVERISSEPVLCRVMESTXANTIA
QVIMORTEACERBARAPTUSES[
12 IAMDOCTVSINCOMPENDIA
TOTLITERARVMETNOMINVM
NOTARECVRRENTISTILO
QVODLINGVACVRRENSDICERET
16 IAMNEMOSVPERARETLEGEN[S
IAMVOCEERILICOEPERAT
ADOMNEDICTATVMVOLAN[S
AVREMVOCARIATPROXIMAM
20 HEVMORTEPROPERACONCIDIT
ARCANAQVISOLVSSVI
SCITVRVS   DOMINIFVIT

Hoc hoc sepulcrum respice,
qui carmen et musas amas,
et nostra communi lege
lacrimanda titulo nomina.
nam nobis pueris simul
ars varia, par aetas erat:
ego consonanti fistula
Sidonius acris perstrepens ...
hoc carmen, haec ara, hic cini<s>
pueri sepulcrum est Xant<h>ia<e>
qui morte acerba raptus es<t>
iam doctus in compendia
tot literarum et nominum
notare currenti stilo,
quod lingua currens diceret.
iam nemo superaret legen<s>
iam voce erili coeperat
ad omne dictatum volans
aurem vocari a<d> proximam
heu morte propera concidit,
arcana qui solus sui
sciturus domini fuit.

Übersetzung:
Dies Grab erblicke, der du das Lied und die Musen liebst,und lies unsere zu beweinenden Namen auf unserem gemeinsamen Grabstein. Denn wir Jungen hatten das gleiche Alter, (aber) unterschiedliche Begabungen. Ich, Sidonius, laut mit der begleitenden Flöte lärmend ...

Dies Gedicht, dieser Altar, diese Asche sind das Grab des Sklaven Xanthias, der durch den rauhen Tod geraubt worden ist. Schon war er kundig in Abkürzungen so viel an Buchstaben und Namen mit fliegendem Stift zu notieren wie sie die schnell eilende Zunge sprach. Bald übertraf niemand ihn im Lesen (= niemand war in der Lage, schneller vorzulesen, als Xanthias mitschrieb), bald begann er durch die Stimme seines Herrn zu jedem Diktat, das (nur) bis ans nächste Ohr fliegt (gelangt), gerufen zu werden. Ach, durch den eiligen Tod ging er zugrunde, der allein die Geheimnisse seines Herrn wissen sollte.

EIN STEIN - ZWEI INSCHRIFTEN

Die Inschrift besteht aus 22 Zeilen, die im iambischen Dimeter verfaßt sind, einem Versmaß, das in der lateinischen Literatur der Spätantike nur noch selten zu finden ist.[1] Auf diesem Stein entspricht jede Zeile einem Vers. Die Inschrift gliedert sich inhaltlich in zwei Teile, die ersten 8 Zeilen (= Verse), die Sidonius betreffen, und die Verse 9 - 22, die für Xanthias verfaßt wurden. Abgesehen von zwei Glykoneen in V.5 und 22 handelt es sich um iambische Dimeter, die korrekt konstruiert sind.[2]

Der erste Vers beginnt mit einer Apostrophe an den Betrachter, der gebeten wird, das Grab zu betrachten *hoc hoc sepulchrum respice* und die Grabinschrift der beiden gleichaltrigen *par aetas*, aber doch unterschiedlich begabten Jungen[3] *ars varia* zu lesen.[4]

Erst in den Versen 7/8 nennt sich Sidonius als Erklärer des Denkmals und preist seine Fähigkeit, die Flöte zu spielen: *ego consonanti fistula / Sidonius acris perstrepens...* Damit schließt der erste Teil. Untersucht man die Syntax etwas genauer, stellt man fest, daß der Abschnitt in Z.8 unvermittelt abbricht; man erwartet noch eine finite Verbform sowie eine Ergänzung, wozu Sidonius die Flöte erschallen läßt.

Die Xanthias-Passage beginnt mit der anaphorischen Reihung: *hoc carmen, haec ara, hic cinis* (V.9), dann wird weiter gesagt: dies ist das Grab des Xanthias, der allzu früh vom Tod dahingerafft wurde - *qui morte acerba raptus est* . In den Versen 12ff. wird die besondere Begabung des Sklaven erwähnt - *iam doctus in compendia / tot literarum et nominum / notare currenti*

1 Zur Bedeutung des Iambus in den Versinschriften vgl. Galletier, Etude sur la poésie funéraire romaine d'après les inscriptions, Paris 1922, 280. Er gibt an, daß für die Spätantike nur wenige iambische Inschriften bezeugt sind, während es in der Kaiserzeit noch recht zahlreiche gibt. Die bei Bücheler vorhandenen im iambischen Dimeter verfaßten Inschriften sind bis auf die Kölner Stenographeninschrift recht kurz. Vermutlich wurde der iambische Dimeter, der in den Komödien des Plautus und Terenz und auch bei Horaz und Seneca (hier auch als iambischer Senar) verwendet wird, für Grabinschriften als nicht angemessen empfunden. Erst bei Ausonius läßt sich dieses Metrum wiederfinden.

2 Bücheler, Rheinisches Museum 27 (1872) 144 No. CVII, Anm. zu CVII, versucht den Glykoneus in V.5 so zu erklären: prooemium (1-4) quae sequitur narratio, eam patet et exordiri a Glyconeo versu et in eundem desinere.

3 besser: Sklaven, da *puer* auch zur Bezeichnung eines jungen Sklaven verwendet wird (OLD s.v. 5a)

4 Auffällig der hier verwendete Chiasmus *par aetas – ars varia* .

stilo . Xanthias war nämlich der Stenograph seines Herrn und verstand es, in Abkürzungen geschwind festzuhalten, was ihm diktiert wurde. Er verstand sein Handwerk so gut, daß er in der Lage war, schneller mitzuschreiben, als ihm diktiert wurde: *Iam nemo superaret legens* (16). Auch begann man ihn schon für vertrauliche Korrespondenz heranzuziehen – *iam voce erili coeperat / ad omne dictatum volans / aurem vocari ad proximam* . (s. Übersetzung)[5]

In V.20 wird das Bedauern über den Tod des Jungen zum Ausdruck gebracht (*heu*..) und in den Versen 21/22 wird durch die Verwendung des Wortes *arcana* sowie das futurische Partizip *sciturus* der Bezug zu *coeperat* in V.17 wieder aufgenommen und noch einmal auf die Vertrauensstellung bei seinem Herrn hingewiesen, denn Xanthias allein durfte die geheimsten, vertraulichsten Gedanken seines Herrn zu 'Papier' bringen. *Arcana qui solus sui / sciturus domini fuit* . Das Gedicht schließt in V.22 mit einem Glykoneus.

Nachdem beide Abschnitte inhaltlich kurz erläutert worden sind, fällt auf, daß der zweite (9-22) eine geschlossene Einheit bildet und der einleitenden Verse (1-8) des Sidonius-Teiles eigentlich nicht bedarf. Die ersten Verse jedoch benötigen die Verse 9-22 zur Erläuterung, da von V.3ff. an von zwei Verstorbenen die Rede ist – *nostra communi .... / ... titulo nomina* . Da der erste Abschnitt in V.8 (s.o.) mitten in der Charakterisierung des Sidonius abbricht, ist davon auszugehen, daß hier von zwei Gedichten gesprochen werden muß. Rubensohn bietet dafür eine gute Erklärung: "Von den beiden jungen Sklaven, für die der gemeinsame Grabstein gesetzt ist, Xanthias, der Notarius, zuerst gestorben ist. Die für ihn bestimmten Verse (9ff.), ..., waren, wie der Anfang zeigt, zunächst selbständig gedacht. Als dann sein Altersgenosse, ..., kurz nach ihm starb, ließ der Herr für (sie) ein gemeinsames Grab errichten und ... ein paar Verse hinzudichten, ..."[6]

Auch die Buchstabenhöhe beweist,[7] daß es sich um zwei Gedichte handelt, von denen das zweite zuerst geschrieben wurde. Wahrscheinlich war das freigebliebene Spatium für ein Prosapraescript vorgesehen,[8] als aber Sidonius starb, wurden auch für ihn noch ein paar Verse gedichtet und an der freien

5 **auris** OLD s.v. 3a: *in* or *ad aurem* , *in aure* in the ear, confidentially, in a whisper; Sen. Con. 2.1.39: *acta in aurem legere* , Cic.Fin.2,69: Verg. Aen. V 547:

6 Rubensohn, Archiv für Stenographie 53 (1901) 29

7 Rubensohn weist schon in Archiv für Stenographie 55 (1903) 107f. daraufhin, "daß die Buchstabenhöhe beider Inschriften nicht übereinstimmt." Die Buchstabenhöhe beträgt für die Z.1-8 2 cm, für die Z.9-22 2,5 cm. vidi.

8 Vielleicht ähnlich wie bei der Timavius Inschrift.

Stelle eingefügt. Weil der Platz jedoch begrenzt war, mußte der Steinmetz trotz Verwendung kleinerer Buchstaben das Gedicht in Z.8 enden lassen.

Die Urteile über die beiden Grabgedichte sind recht unterschiedlich. Rubensohn bemerkt, daß "die Verse zu dem erfreulichsten (gehören), was man unter den zahllosen erhaltenen lateinischen Grabgedichten finden kann. In sprachlicher und metrischer Hinsicht verraten sie (...) Frische und Gewandheit ..." Klinkenberg[9] stellt fest, daß es sich zwar um "richtig gebaute iambische Dimeter mit 2 Glyconeen" handelt. Er spricht jedoch davon, daß "man bei der Stümperhaftigkeit des ganzen Poems den Gedanken nicht unterdrücken (kann), dass es sich nur um metrische Verstösse handelt." Klinkenberg hält außerdem an der Fassung nur eines, 22 Verse langen Gedichtes fest.[10]

DAS GRABGEDICHT FÜR SIDONIUS
(Vers 1-8)

Im ersten Vers wird der Betrachter aufgefordert, dieses Grab zu betrachten. Durch die Geminatio *hoc, hoc* wird die Bitte noch verstärkt. In Vers 2 wird der Betrachter genauer charakterisiert: *qui carmen et musas amas*, sofern der Vorübergehende Interesse an Musik und Kunst[11] hat, wird er dazu aufgefordert vom Schicksal der beiden jungen Sklaven zu lesen.[12] Erst in V.5/6 wird erwähnt, daß es sich um die gemeinsame Grabstätte zweier Jungen (Sklaven) von recht unterschiedlichen Fertigkeiten handelt: *ars varia - par aetas*. Die Verse 1-6 können als Einleitung verstanden werden. In Vers 7/8 nennt sich Sidonius selbst: *ego .../ consonanti fistula ... acris perstrepens ...* . Helle, schrille Flötentöne[13] läßt er zur Begleitung erschallen. Bei den Römern

9 Klinkenberg, Die römischen Grabdenkmäler in Bonner Jahrbücher 108/09 (1902) 140

10 Schon Bücheler, Rheinisches Museum 27 (1872) 144, no.CVII, läßt am Druckbild erkennen, daß er von zwei Gedichten ausgeht, denn nach Z.8 folgt ein größerer Zeilenabstand. (ebenso Brambach, IRh No.323, Dessau 7756: carmen sepulchrale Xanthiae notarii vv.9-22; postea litteris aliquanto minoribus additum similis carminis de Sidonio, qui conservus Xanthiae fuerat, principium.

11 *Musae* ist hier in diesem Zusammenhang als Kunstfertigkeit zu verstehen

12 Auffällig ist in den Versen 3/4 das starke Hyperbaton: *nostra .... communi .../ lacrimanda .... titulo ....nomina.*

13 LAW s.v. Musikinstrumente, B.Blasinstrumente 6 Syrinx Sp.2029. Die Syrinx (*avena, calami, cicuta, fistula, stipula*) besteht aus einer Folge von Pfeifen verschiedener Länge, Dicke oder Höhlung, die floßförmig aneinandergefügt, gebunden

war es üblich, daß bei den Mahlzeiten gemeinschaftlich von den Teilnehmern unter Flötenbegleitung gesungen wurde. In vornehmen Häusern wurde aus den Hunderten und Tausenden von Sklaven eine Kapelle von Sängern und Musikanten zusammengestellt und durch den Ankauf neuer Künstler ergänzt.[14] Auch Sidonius wird einer solchen "Hauskapelle" angehört haben.[15]

oder geklebt wurden. Der Ton der Syrinx war sehr hoch, daher ist das Adjektiv *acris* als hell oder sogar schrill zu verstehen.

14 Friedländer, Sittengeschichte, S.175

15 Die Formulierung *consonanti .... fistula / .... perstrepens* läßt m.E. diese Schlußfolgerung zu.

XANTHIAS UND DER NOTARIUS DES AUSONIUS
(V.9-22)

Wie bereits erwähnt,war Xanthias [16] der Privatsekretär seines Herrn. Zwar wird der terminus technicus *notarius* nicht ausdrücklich genannt, jedoch wird aus der ausführlichen Beschreibung der Fähigkeiten des Xanthias deutlich, daß dieser die Kunst der Stenographie beherrschte: *doctus in compendia / tot literarum et nominum / notare currenti stilo / ...*

Notarius ist in der Bedeutung "Stenograph" zum ersten Mal bei Seneca belegt.[17] Meist wurden Sklaven oder Freigelassene, vorwiegend junge Männer, als *notarii* eingesetzt. Auch Xanthias war noch recht jung, wie es das Wort *puer* erkennen läßt. Die bei Xanthias gerühmte Fähigkeit des schneller mitschreiben, als ihm diktiert wurde, scheint ein Stenographen-Topos zu sein; denn abgesehen von der zitierten Seneca-Stelle lassen sich in der Literatur nur äußerst geschwinde *notarii* finden.[18]

Eine Schwierigkeit bieten die Verse 17-19: Schon begann er, von der Stimme seines Herrn zu jedem Diktat fliegend zum nächsten Ohr gerufen zu werden.*Volans* bezieht sich auf *dictatum* [19], denn das Diktierte, der vertrauliche Brief, fliegt, eilt nur zum nächsten Ohr, nämlich dem des Xanthias.[20] Daraus

16 Xanthias nach Pape Benseler ein Sklavenname, der häufig in den Komödien des Aristophanes zu finden ist (Ar. Av. 656, Nub. 1485, Ach. 243,259)

17 laut RE Suppl.VII s.v. Sp.586; Sen. Apocol.9,2: *multa ... dixit, quae notarius persequi non potuit.*

18 Plin. Ep. 9.36.2: *notarium voco et ... quae formaveram dicto.* Manilius, Astronomicon IV 190-199: *at quibus Erigone dixit nascentibus aevum /ad studium ducet mores et pectora doctis / artibus instituet, nec tam compendia census / quam causas viresque dabit perquirere rerum / illa decus linguae faciet regnumque loquendi / atque oculos mentis, qui possint cernere cuncta / quamvis occultis naturae condita causis./ hinc et scriptor erit velox, cui littera verbum est. / quique notis linguam superet cursimque loquentis / excipiat longas nova per compendia voces* . Sen. ep. 90.25: *quid (loquar) verborum notas, quibus quamvis citata excipitur oratio et celeritatem linguae manus sequitur?* Suet. Tit. 3,2: *e pluribus comperi notis quoque excipere velocissime solitum* . Mart. XIV 208: notarius: *currant verba licet, manus est velocior illis: / nondum lingua suum, dextra peregit opus.* Prud. Perist. IX 23 sq.: *verba notis brevibus comprendere cuncta peritus / raptimque punctis dicta praepetibus sequi.*

19 *dictatum* ist hier als das Diktat, das Diktierte aufzufassen, nicht als der Brief der sich auf der Reise - *volans* - zum Empfänger befindet.

20 So auch schon Johnen, S.11 Anm.: Mir scheint die Deutung die einfachste, dass das Diktat, zu dem Xanthias gerufen wurde, nur der vertrauteste Diener hören und aufnehmen durfte.

ergibt sich, daß Xanthias der Privatsekretär seines Herrn war oder jedenfalls im Begriff war, ein solcher zu werden; die Verse 21/22 verdeutlichen dies.

Wie ich bereits erwähnte, ist der iambische Dimeter in der lateinischen Literatur kein so häufig verwendetes Metrum. Um so erstaunlicher ist es, daß wir bei Ausonius ein Gedicht mit dem Titel "In Notarium" finden, daß ebenfalls im iambischen Dimeter verfaßt ist, das gleiche Thema wie die Xanthias-Inschrift behandelt und ungefähr zur gleichen Zeit entstanden ist.

Um den Vergleich der beiden Gedichte zu erleichtern, gebe ich zunächst Text und Übersetzung des Ausonius Gedichtes: [21]

IN NOTARIVM

Puer, notarum praepetum
sollers minister, aduola.
bipatens pugillar expedi,
cui multa fandi copia,
punctis peracta singulis,
ut una uox absoluitur.
ego uoluo libros uberes
instarque densae grandinis
torrente lingua perstrepo:
tibi nec aures ambigunt,
nec occupatur pagina
et mota parce dextera
uolat per aequor cereum.
cum maxime nunc proloquor
circumloquantis ambitu,
tu sensa nostri pectoris
uix dicta iam ceris tenes.
sentire tam uelox mihi
uellem dedisset mens mea
quam praepetis dextrae fuga
tu me loquentem praeuenis.
quis, quaeso, quis me prodidit?
quis ista iam dixit tibi
quae cogitabam dicere?
quae furta corde in intimo
exercet ales dextera?
quis ordo rerum tam nouus,
ueniat in aures ut tuas,
quod lingua nondum absoluerit?
doctrina non hoc praestitit
nec ulla tam uelox manus
celeripedis compendii:
natura munus hoc tibi
deusque donum tradidit,
quae loquerer, ut scires prius
idemque uelles, quod uolo.

21 Ausonius, Opuscula ed. S.Prete, Teubner Leipzig 1978, 330f., XXVII In Notarium. Prete unterscheidet *u* und *v* nicht.

Übersetzung:
Junge, Diener mit der Begabung der vorauseilenden Notizen [22], komm her geschwind und öffne die doppelte Schreibtafel, der die große Menge der Rede, nachdem sie in einzelnen Punkten (=Kürzeln) festgehalten wurde, wie eine Einheit (*una uox*) anvertraut wird. Ich wälze dicke Bücher, und gewaltig wie ein dichtes Hagelwetter lärme ich mit schnell fließender Rede. Weder sind deine Ohren unsicher (unentschieden), noch ist die Seite gefüllt und mit sparsamer Bewegung fliegt deine rechte Hand über die wächserne Fläche, während ich mich jetzt eben noch mit der Weitschweifigkeit eines umständlich Formulierenden äußere, hältst du bereits unsere geheimsten (innersten) Gedanken kaum diktiert in Wachs fest. Ich wünschte, daß mir mein Verstand gewährte, so schnell zu begreifen (erfassen) wie du mir, der ich diktiere, mit dem Flug der vorauseilenden Rechten zuvorkommst. Wer, bitte, wer verriet mich? Wer sagte dir bereits das, was ich erst gedachte zu diktieren? Welchen Diebstahl verübte die flinke Rechte tief in meinem Innersten? Welche Ordnung der Dinge ist so neu, daß zu deinen Ohren schon gelangte, was die Zunge noch nicht ausgesprochen hatte? Keine Wissenschaft unterwies dich darin und keine Hand ist so geschwind in der schnellfüßigen Abkürzung: die Natur schenkte dir diese Begabung und Gott verlieh dir die Gabe, bereits früher (als ich) zu wissen, was ich sagen will und dasselbe zu wollen wie ich.

Das von einem unbekannten Dichter verfaßte Grabgedicht für Xanthias und das Gedicht des Ausonius handeln beide von einem Stenographen, der seinem Herrn viel bedeutet bzw. bedeutet hat. Im ersten Fall ist es ein Grabepigramm, ein Nachruf auf den verstorbenen Xanthias, bei Ausonius hingegen wird der Notarius zum Diktat gerufen. In beiden Gedichten werden die besonderen Fähigkeit des Schreibers herausgestellt. So wird erwähnt, daß Xanthias in der Lage war, in Abkürzungen mit fliegendem Stift zu notieren – *notare currenti stilo* –, aber auch der bei Ausonius genannte Stenograph beherrscht sein Metier und schreibt sogar schneller als sein Herr ihm diktiert, er scheint es bereits vorauszuahnen, was ihm erst diktiert werden soll: *tu sensa nostri pectoris / vix dicta iam ceris tenes.* Eine ähnliche Begabung besitzt auch Xanthias: *iam nemo superaret legens.* Ebenso hatten beide Schreiber eine Vertrauensstellung inne: *arcana qui solus sui / sciturus domini fuit* bzw. bei Ausonius: *quae furta corde in intimo / exercet ales dextera?*

Es ist auffällig, daß beide Gedichte, nicht nur das gleiche Metrum und Thema haben, sondern auch inhaltlich starke Parallelen aufweisen. Rubensohn meint, daß Ausonius, der um das Jahr 365 von Burdigala nach Trier an den Hof Kaiser Valentinians I. berufen wurde, die Gelegenheit hatte, von dort Ausflüge in die Umgebung zu unternehmen, um dann auf einer seiner Exkursionen das neuangelegte und befestigte Köln zu besuchen und seine Bauten und Denkmäler zu betrachten. Durch "in der äußeren Form auffallende

22 Stenographie begabter Diener

Uebereinstimmungen" hält er "nicht das Walten eines seltsamen Zufalles" für möglich, sondern versucht Abhängigkeiten[23] nachzuweisen. Als erstes Indiz nennt er, was auch nicht von der Hand zu weisen ist, das gleiche Metrum, als nächstes, das gleiche Sujet: ein junger Sklave, der als Privatsekretär, aber auch als *excerptor* fungierte. "Die Bewunderung für den stenographierenden Burschen äußert sich in beiden Gedichten in ähnlicher Weise...." Einen weiteren Beweis für die Abhängigkeit sieht Rubensohn darin, "dass perstrepo sich in beiden Gedichten findet..." Hier hat Rubensohn freilich übersehen, daß *perstrepere* nicht im Zusammenhang mit Xanthias, sondern in der ersten Inschrift in Zusammenhang mit der Flöte des Sidonius steht: *ego consonanti fistula / Sidonius acris perstrepens...* . Dennoch ist es auffällig, daß *perstrepere* in beiden Gedichten zu finden ist. Aber nicht nur *perstrepere* wird in beiden Gedichten verwandt, sondern auch *volare* , einmal sind es die Worte des Herrn, das Diktierte, die zum Ohr des Xanthias fliegen: *ad omne dictatum volans*[24] *aurem ... ad proximam* , bei Ausonius ist es die Hand des Schreibers, die über die Wachstafel fliegt, um die Rede aufzuzeichnen: *et mota parce dextera volat per aequor cereum* .

Auch auf die Vertrauensstellung, die die beiden Sklaven innehatten, wird in ähnlicher Weise angespielt, so heißt es bei Ausonius: *... , ut scires prius, idemque uelles, quod volo ...* und von Xanthias wird gesagt: *qui solus sciturus domini fuit.*

Wie gezeigt besteht zwischen dem Xanthias-Gedicht und dem des Ausonius eine Parallele bezüglich Metrum und Inhalt. Die beiden Gedichte voneinander abhängig zu machen, insbesondere den Ausonius von der Kölner Inschrift, führte jedoch zu weit. Für den heutigen Leser sind beide Gedichte eine wichtige Quelle für die Kunst der Stenographie und ihre Verbreitung in der Spätantike.

23 In der Regel lassen sich einzelne Verse oder Junkturen von Inschriften auf eine literarische Vorlage zurückführen (vgl. Köln, Timavius-Inschrift; ebenso Hoogma, Der Einfluß Vergils auf die CLE). Literatur aber von einer Inschrift abhängig zu machen ist, besonders im vorliegenden Fall, recht schwierig.

24 Zu fliegenden Worten vgl.: Verg.Aen. X 584: *talia late dicta volant Ligeri* — Hor.Ep.1,18,71: *semel emissum volat irrevocabile verbum* — Val.Fl. V 600: *non frustra magna superbo / dicta volunt.* — Apul.Flor.15: *verba, quae volantia poetae appellant, ea verba detractis pinnis intra murum candentium dentium premere*

HIER RUHT ETHERIUS

FO: Köln, bei St.Ursula
AO: verloren
BH: Worttrenner ? Spatien ? Textwiedergabe nach CIL XIII 8477
Zeit: 4./5.Jh.

HIC IACET IN TERRIS
ETHERIVS Q V I VIXIT
ANNIS XXV FIDELIS IN
4 PACE RECESSIT
P
A X Ω

Hic iacet in terris / Etherius qui uixit / annis XXV.
fidelis in / pace recessit.
Christogramm

Übersetzung:
Hier ruht Etherius, der 25 Jahre lebte. Getreu ging er hin in Frieden.

Die Inschrift beginnt mit der Formel *hic iacet* und schließt mit der ebenso formelhaften Wendung *fidelis in pace recessit.*[1] Z.2 nennt den Namen des Verstorbenen *Etherius*. Es handelt sich um einen 'sprechenden' Namen, der soviel bedeutet wie 'der zum Äther gehörig', 'himmlisch'. Er steht in krassem Gegensatz zu dem vorangegangenen *in terris*, d.h. der Name und die konkrete Situation stehen in Antithese zueinander.

Es handelt sich hier nicht um eine vollständige Versinschrift, sondern eher um eine Inschrift mit metrischen Elementen oder Versatzstücken. Die erste Zeile besteht nämlich aus einem Hemiepes. Die zweite Zeile führt den begonnen Vers nicht zu Ende, da der Eigenname nicht ins Metrum paßt.

1 Vgl. CIL XIII 8479 /80 Inv. 422: *hic iacet Fugilo ... / ... fidelis in pace recessit;* CIL XIII 8482: *Leontius hic iacet fedelis / ... / et in pace recessit.*

Aurelius Timavius Libertus A

AURELIUS TIMAVIUS LIBERTUS

Fundort:	Köln, St.Ursula		
AO:	RGM, Köln Insel 124, Inv.Nr. 29,311		
Material:	Kalkstein		
Abm.:	75 x 50 x 18		
BH:	a 1 : 5,5 - 5,8 2-13 : 4 - 4,2	b	1- 2 : 2 3-13 : 3 - 3,2 (Worttrenner)
Zeit:	3.Jh.		

D M
AVRELIOTIMAVIO
ALVMNODVLCISSIM
OET·SAN MOQ
VIVIX XVII
AVREL MVS
PATRON ARDAN
IA GENITVSISTICMI
HICARETIMAVIPOST
VARIOSCASSVSPOST
TOTDISCRIMINARE
RVMDESERISHEVPVL
CHRAMPRIMAEVO
FL OREIVVENTAM

D AVRELIO T I M
MAVIO LIB E R T O · A L V
M N O ·AVREL I ·M A X I M I
TV TIMAV· VLCEM·NO
MEN·DV VS·VOTIS·AD
ES·SPIRITV M·TV·FEREBAS
CORPOREELABISACRVMCO
RPVS·VT·TERRAM·MANE
RE·SPIRITVM·CELVM·SEQVI
SPIRITVM·MOVERECUNC
TA SPIRITVMESSEQVODDEV
M CVM·MIHI·EXTREMISCA
NEBAS·VOCIBVSSOLAMINA
FLORIS·ABSCIDENSIVBEN
GRATIAS·TRISTIDIA[E

A *D(is) M(anibus)*
Aurelio Timauio alumno dulcissim/o et san[ctissi]mo
q/ui vix[it annos] XVII / Aurel[ius Maxi]mus / patronus.

D]ardan/ia genitus istic, mi/hi ***care Timaui,***
post / varios cassus post / tot discrimina re|rum
deseris heu *pul/chram* ***primaevo*** | ***flore iuventam.***[1]

1 Die fettgedruckten Textstellen bezeichnen Vergilzitate.

Aurelius Timavius Libertus B

B *D(is) Aurelio Ti- M(anibus)/*
-mauio liberto alu/mno Aureli Maximi/

Tu, Timau[i, d]ulce{m} no/men, du[lci]bus votis ad/es.
spiritu<m> [na]m tu ferebas / corpore elabi sacrum,
co/rpus ut terram mane/re, spiritum c<a>elum sequi,/
4 *spiritum movere cunc/ta, spiritum esse quod deu/m*
cum mihi extremis ca/nebas vocibus solamina,/
floris abscidens iuben[te] / gratias tristi di{a}e.

[na]m : Galsterer hat *[que]m*; das Spatium reicht kaum für 3 Buchstaben; außerdem ist *quem* hier nicht sinnvoll, da *ferre* hier in der Bedeutung 'äußern, sprechen' verwendet wird.[2]

Übersetzung:

a) Den unterirdischen Göttern, dem Aurelius Timavius, dem süßesten und heiligsten Zögling, der 17 Jahre lebte, sein Patron Aurelius Maximus.

Aus Dardanien stammend, hier, mein lieber Timavius, nach so unterschiedlichen Schicksalsschlägen, nach so vielen Wechselfällen der Dinge, verläßt du, ach, die schöne Jugend, die gerade eben (erst) erblühte.

b) Den Göttern der Unterwelt. Dem Aurelius Timavius, dem Freigelassenen, Zögling des Aurelius Maximus.

Du, Timavius, süßer Name, höre meine lieben Gebete. Denn du sprachst davon, daß der 'heilige' Geist aus dem Körper entgleite, der Körper wie (die) Erde zurückbleibe, der Geist (aber) zum Himmel strebe, der Geist alles bewege, der Geist das sei, was Gott (ist), als du mir mit deinen letzten Worten Trost verkündetest / spendetest, während du am Trauertag die Anmut deiner Jugendblüte abschnittest.

Die beiden Inschriften sind für den Freigelassenen Timavius von seinem Patronus verfaßt bzw. aufgestellt worden. Jede Inschrift bildet für sich betrachtet eine geschlossene Einheit, ist in sich schlüssig und bedarf nicht der anderen Seite zur näheren Erläuterung, jedoch ergänzen sich die Inschriften inhaltlich, da sie nicht völlig identisch sind.

Als sprachliche Besonderheiten sind in A *cassus* (V.2) mit Doppel-*s* (vgl. Inschrift für Paulla), in B die Monophthongierung von *ae* > *e* in *celum* (V.3) zu nennen, während in *diae* (V.6) ein Diphthong anstelle des *e* geschrieben wurde. (Hyperkorrektismus) Die Form *iuben[te]* läßt Schlüsse über die

2 In der Lücke Z.6 ist nicht wie in CIL XIII 8371, bei Bücheler 2152* und Galsterer *[que]m* zu ergänzen, da das Spatium nur Platz für zwei Buchstaben bietet, da die Wörter nahezu regelmäßig durch Worttrenner abgeteilt sind, sondern vielmehr *[na]m*. Ein Relativsatz wäre nicht erwägenswert.

Aussprache des v zu. Es muß ähnlich wie im heutigen Spanisch zwischen v und b gelegen haben.[3]

A In einem Prosapraescript wird der Tote vorgestellt. Sein Name ist Aurelius Timavius, Freigelassener und Zögling des Aurelius Maximus.[4] Es schließen sich 3 Hexameter an, die vom Schicksal des Timavius berichten und als "Kurzbiographie" verstanden werden können. Diese drei Verse sind stark an Vergil orientiert. Bereits der erste Vers enthält eine vergilische Reminiszenz, denn *Dardania genitus istic ...* erinnert an den bei Donat in der Vita des Vergil überlieferten Vers: *Mantua me genuit*, das Ende des Verse: *mihi care Timavi* erinnert an Aen. I 244 und ist eine Variation von *... fontem superare Timavi.* Der zweite Vers ist fast wörtlich von Vergil Aen. I 204 übernommen; die Präposition *per* wurde in der Timavius-Inschrift durch *post* ersetzt. Das kaum variierte Zitat ist ungewöhnlich.[5] Auch der dritte Vers ist vergilisch. Der erste Teil bis zur Trithemimeres ist Aen. III 711 (*deseris heu*), der Versteil nach der Penthemimeres Aen. VII 162 ... *et primaevo flore iuventus* nachgeahmt. Hier ist auffällig, daß die Stellung der Vergilzitate in der Inschrift mit der der Originalverse übereinstimmt.

Nun stellt sich die Frage, ob der Verfasser der Verse in Ermangelung eigener Ideen auf Vergil zurückgriff oder ob er mit der Verwendung von Vergilzitaten ein bestimmtes Ziel verfolgte. Bei Vergil wird das Ziel, das Aeneas erreichen soll, in Aussicht gestellt mit der Formulierung: *per varios casus*, er hat sein Wanderschicksal noch vor sich, Timavius jedoch hat sein Ziel erreicht und ist von Dardania (= Illyrien) bis nach Köln gelangt, daher finden wir auf der Inschrift *post varios casus*. Die Änderung des *per* in *post* ist also eine wohlüberlegte Variation.

B Die Rückseite des Steines bietet nochmals eine Inschrift mit Prosapraescript, das wiederum den Namen des Verstorbenen und des Dedizierenden nennt. Diese Inschrift ist aber nicht als Variation der ersten anzusehen,

3 Vgl. dazu die Aussprache des [v] in engl. window.

4 Aurelius Timavius wird als *alumno dulcissimo et sanctissimo* bezeichnet, wobei der Superlativ *sanctissimo* recht selten ist. (CE *2121.5, 2170,*250, *712,4)
Zur Verwendung von *sanctissimus* vgl. TLL IV 343,67; *sanctissimus maritus* TLL VIII 1, 406,12f.; TLL s.v. *alumnus* (mit *dulcis* häufig) mit *sanctus* I 2 1794,18 nur mit mauret. CIL VIII 9173 die einem 9 jährigen Mädchen gilt.

5 Hoogma, S.483. Die Technik der Entlehnung: Ganze Verse werden verhältnismäßig selten, Versteile in der Form metrischer Einheiten aber häufiger entlehnt. Meistens jedoch wird ein Vers oder Versteil nicht buchstäblich, ebensowenig wörtlich entlehnt.

sondern als eigenständiger Text. Sie ist in trochäischen Septenaren verfaßt und beginnt mit einer Apostrophe des Timavius: *Tu Timavi* und der Bitte, ihm (= dem Dedikanten) Beistand zu gewähren. Ferner wird an seine (letzten) Worte erinnert, daß nämlich nur der Körper sterblich ist, die Seele jedoch unsterblich: *spiritum <na>m tu ferebas*[6] *corpore elabi sacrum.* Das Adjektiv *sacer*[7] weist hier auf die Heiligkeit der Seele hin.[8] Ihre Unsterblichkeit wird hier als Begründung dafür benutzt, daß Timavius seinem Patronus gegenwärtig sein kann. (*votis ades*)

Die Seele entgleitet dem Körper. Der folgende Vers gibt Auskunft über das Geschick von Körper und Seele nach ihrer Trennung: *corpus ut terram manere, spiritum caelum sequi.* So bleibt der Körper auf oder besser: in der Erde zurück und wird wieder an den Ort verwiesen, zu dem er seiner Natur nach gehört, während die Seele, dem überirdischen Charakter des Geistes entsprechend zum Himmel zurückkehrt.[9] Das Wesen des *spiritus* wird in den folgenden Versen näher erläutert und seine Unsterblichkeit begründet. Die Seele (*spiritus*) wird als ewiger Ursprung aller Dinge bezeichnet: *spiritum movere cuncta.* Dieser Gedanke gipfelt in der Formulierung *spiritum esse quod Deum.*[10] Hier ist platonisches Gedankengut – denkbar ist die Vermittlung Ciceros – zu erkennen. Im Timaios wird Gott als der unbewegte Beweger definiert. Vielleicht assoziierte Aurelius Maximus diese Schrift bei dem Namen des Verstorbenen. Im Phaidros 245 c-e ist die Seele als sich selbst bewegender Ursprung der Bewegung unvergänglich.

Wie man an den Versen erkennen kann, muß man bei Timavius mit einem gebildeten jungen Mann rechnen, der philosophisch sehr interessiert war. Mit

6 *fero* : OLD 29 to propose, offer (terms, conditions etc.); 34 b) to speak of (as), c) to refer to (as), call, name. *ferre* ist hier in der Bedeutng 'äußern, erklären, von etwas sprechen' mit folgendem AcI verwendet, daher ist in der Lücke (Z.6) nicht wie in CIL XIII 8371 (= B 2152*; = G 363) *[que]m* zu ergänzen, sondern vielmehr *[na]m.*

7 Vgl. CE 1206,5 *corpus habet cineres, animam sacer abstulit aër.*

8 *spiritus* als Geist / Seele ist nicht erst christlich, sondern schon in der Antike anzutreffen. Ov. Tr. 3.3.62: *si morte carens vacua volat altus in aurus spiritus ...* Bedeutungsgleich mit *spirirtus* ist *anima.* Lucil. 6.35 *constare hominem ex anima et corpore dicunt.* Mela 3.19: *aeternas esse anima* Tac. Ann. 16.34: *de natura animae et dissociatione spiritus corporisque inquirebat.* CLE 700,2 *hic corpus caelebem nam spiritum caelo refudit / almo.* CLE 662,2 *[at tuus in caelo] spiritus a carne recedens.*

9 Vgl. die Aschermittwochliturgie Gen.III 19: *donec revertaris in terram de qua sumptus es quia pulvis es et in pulverem revertis.*

10 Vgl. Macr. Somn. 2,12,5: ... *ut animam non solum immortalem sed deum esse clarescat.*

ihm wird die Kenntnis platonischer Philosophie in Köln im 2./3. Jh. n. Chr. nachweisbar.[11]

Eine anschließende Behandlung der Inschrift für Dessideratus kann zeigen, daß der Platonismus die christliche Unsterblichkeitserwartung vorbereitet hat.

Vers 5 erwähnt, daß Timavius durch seine Lehre (eigentlich: seine letzten Worte) dem *patronus* Trost spendet. Der Dichter hat hier das Wort *canere* verwendet, das für sich genommen ein gehobener Ausdruck für prophezeihendes Verkünden ist.[12] Dadurch werden Assoziationen zum Schwanengesang deutlich, denn der Sage nach singen Schwäne vor ihrem Tod.[13]

Nachdem die Verse der ersten Inschrift als "Biographie" bezeichnet wurden, kann man diese Inschrift als "Lehre" des Verstorbenen bezeichnen. Der Sklave / Freigelassene, der schon mit dem Tode ringt, tröstet seinen Herrn und meditiert über die Göttlichkeit *(sacer)* des *spiritus* . Aus eigener Kraft entwickelt(e) er philosophierend die tröstende Lehre von der Göttlichkeit, d.h. Unsterblichkeit der Seele, wobei es sich hier wohl eher um die Wiedergabe der Realität als um literarische Stilisierung handelt. Vers 6 nimmt den Schlußgedanken von A3 auf: *floris abscidens iuventae gratias tristi die*, wobei das Verb *abscidere* die Interpretationsmöglichkeit des Selbstmordes zuläßt.

11 Vgl. Kölner Philosophenmosaik. Auch dieses Mosaik läßt Rückschlüsse auf die Kenntnis der abgebildeten griechischen Philosophen und ihrer Lehren zu.

12 OLD s.v. 3 to celebrate (in verse) 8 to prophecy.

13 Cic. Tuc. I 73: *Haque commemorat, ut cygni, qui non sine causa Apolloni dicati, sed quod ab eo divinationem habere videantur, qua providentes quid in morte boni sit cum cantu et voluptate moriantur, sic omnibus bonis et doctis esse faciendum.*
Vgl. Phaidon 84e-85b.

INSCHRIFT FÜR VERESEMUS

FO:	Köln, Gereonskloster
AO:	St. Gereon, in der Nikolauskapelle vermauert
Abm.:	55 x 29,5
BH:	3,6 - 4,8 (Z.1) 3,5-4,5 (Z. 2-7) 3,2-4 (Z.8) 3,5 (Z.9)
	Platte aus Kalkstein
Zeit:	5./6. Jh. (Galsterer)

HICIACET
VERESE
MVSIN
NOCESFV
NERECAP
TVSQVIV
IXITAN
NOSXX
IIII

Hic iacet / Verese/mus in/noce(n)s fu/nere cap/tus
qui v/ixit an/nos XX/IIII

Übersetzung
Hier liegt der unschuldige Veresemus im Grab gefangen, der 24 Jahre lebte.

Es handelt sich hier nicht um eine metrische Inschrift im eigentlichen Sinne, doch sind metrische Elemente nachzuweisen, so z.B. die in den CEL häufig vorkommende Formel *hic iacet* , die dann – wie auch hier – durch den Eigennamen aus dem rhythmischen Gleichgewicht kommen.[1] Ebenfalls metrisch ist die Junktur *funere captus* .[2]

Der Name *Veresemus* scheint eine graphische Verballhornung des Namens *Verissimus* zu sein. Das Wort *innoces* läßt auf christlichen Kontext schließen. Die Graphie des Wortes ist vulgärlateinisch, da *n* vor *s* ausgefallen ist.

Der knappe Text gibt außer dem Namen des Verstorbenen und seinem Alter keine weiteren Informationen über seine Person oder den Dedikanten.

1 Vgl. die Inschriften für Martinianus und Artemia.
2 Vgl. *funere rapta / raptus* , das mehrfach belegt ist.

Inscription für Lupassius

INSCHRIFT FÜR LUPASSIUS

FO: Köln, Severinstraße 143-147 (im Dau)

AO: RGM Köln, Insel 124 (Inv.Nr.13)

Abm.: Platte aus Kalkstein. Zeilen vorgerissen.

BH: Sciptura continua, aber Abtrennung nach Hexameter; häufige Ligaturen, unregelmäßige Schrift

Z. 1	4,2 - 4,8	Z. 6	4,2 - 4,5
Z. 2	4,5 - 5,2	Z. 7	4,8 - 5
Z. 3	4,8 - 5	Z. 8	2,5 - 4,5
Z. 4-5	4,5 -5		

Zeit: 3./4.Jh.

BLANDAMTEPIETAS
MORSINPIAEVNERE
TRISTI ABSTVLITETD
4 VLCISRVPITNOVAGAV
DIAEVIE NONLICVITC
VPIDOSLONGVMGAVD
EREPARENTESLVPASSIV
8 PVERVIXAN I S III

Blandam te, pietas, / mors inpia funere / tristi
abstulit et d/ulcis rupit nova gau/dia vi<ta>e
non licuit c/upidos longum gaud/ere parentes.
4 *Lupassiu/<s> puer vix(it) an(nos) I s III/*

V.1 / Z.2: lies *funere* ; der Steinmetz hat vermutlich E statt F geschrieben

Übersetzung:
Dich, Pietas, hat der grausame Tod mit traurigem Begräbnis fortgeschafft und die jungen Freuden des süßen Lebens (Enallage: die süßen Freuden des jungen Lebens) zerstört. Nicht war es den Eltern, die dies wünschten vergönnt, sich lange (an ihrem Sohn) zu erfreuen. Der Junge Lupassius lebte ein Jahr und neun Monate.

Diese Inschrift behandelt den allzu frühen Tod eines kleinen Jungen, der im Alter von einem Jahr und neun Monaten starb. Ergänzt man in Z.5/V.2 *vi<ta>e* ergeben sich drei einwandfreie Hexameter. (TE-Ligatur [?] und Monophthongierung)

Auffällig sind in dieser Inschrift die häufigen Ligaturen. Das Zahlzeichen am Ende der Inschrift Z.8 ist nach Galsterer als *I s(emissem) III (menses)* aufzulösen, woraus sich ergibt, daß Lupassius 1 Jahr und 9 Monate alt geworden ist.

Eine Schwierigkeit bietet das Wort *pietas* in Z./V.1 Vermutlich ist *pietas* hier als Anrede- oder Höflichkeitstitel aufzufassen und in Antithese zu *inpia mors* zu verstehen. (vgl. gr. ευσεβεια)[1] Zu *blandam* ist *pietatem* zu ergänzen. Klinkenberg[2] versteht *blandam te pietas* als Abstraktum für das Konkretum *pie puer*.

Der ruchlose Tod - *mors impia* - hat Lupassius vom Leben abgezogen - *abstulit* - und dem jungen Leben ein abruptes Ende bereitet - *dulcis rupit nova gaudia vi<ta>e*.[3]

1 Zilliacus, Untersuchungen zu den abstrakten Anredeformen ... S.46: Ein Abstraktum mit klassischen Traditionen, das nachher von den kirchlichen Epistolographen als ein dem Kaiser zukommendes Epitheton verwendet wurde, ist ευσεβεια. S.68: ευσεβεια richtet sich grundsätzlich an den Kaiser.

Vgl. Plin. 10.1.1.: *Tua quidem pietas, imperator sanctissime, optaverat, ut quam tardissime succederes patri.* Hier wird *pietas* nicht wie sonst üblich als Anrede für den Kaiser gebraucht, sondern im Sinne: du als zärtlicher Sohn (gegenüber deinem Vater).

2 Klinkenberg, Die röm. Grabdenkmäler Kölns: BJb 108/09 (1902) 138 Nr.1.

3 Zu *nova gaudia* verweist Hoogma auf Verg.Aen.X 325. Vgl. auch Verg. Aen. VI 427ff.: *infantumque animae flentes in limine primo / quos dulcis vitae exsortis et ab ubere raptos / abstulit atra dies et funere mersit acerbo.*

BITTE KEINE GRABSCHÄNDUNG
Inschrift für Silvanus Loupus

FO: Nähe Xanten (22.4.1622)
AO: Bonn, Landesmuseum
Abm: H: 128 cm B: 87 cm (Worttrenner)
Material: jüngerer Kalkstein; die Darstellung, die sich unter der Inschrift befand, wurde abgeschlagen und ist verlorengegangen.
"Über der Inschrift ist in einer Nische der Verstorbene auf einer Kline liegend nach links profiliert in Relief dargestellt. Vor ihm steht ein Tisch. Zu seinen Füssen sitzt auf der Kline eine Frau." (Hettner, Katalog ... S.42)
"Es war sonstens 7 Fuss hoch, an dem untern Theil aber bleibt nur kaum noch zu errathen, dass darauf ein springendes Pferd mit seinem Reiter vorgestellt gewesen, daher ist es zur Erleichterung der Masse abgeschlagen worden." Bruggenhagen, Nachrichten ... S. 48 (zitiert nach Brambach)
Zeit: 1. Jh.

SILVANO LOVPI F TREVER
EQ ALA VOCONT AN XXX
STIP XII ET VIVIS PRIMAE
4 SORORI EIVS HEREDI F C
VOS ROGITAT QUAESO SOROR UNICA
FRATRIS AMANTIS NI DISSIGILLETIS
NIVE VIOLETIS OPUS.

Silvano Loupi f(ilio) Trever(o)
eq(uiti) ala Vocont(iorum) an(norum) XXX
stip(endiorum) XII et vivis Primae
4 *sorori eius heredi f(aciendum) c(uravit)*

Vos rogitat quaeso soror unica / fratris amantis,
ni dissigilletis / nive violetis opus.

Übersetzung:

Dem Silvanus, Sohn des Loupus, Treverer, Reiter in der Ala der Voconter, 30 Jahre alt, 12 Jahre im Dienst, für sich und seine Schwester Prima als Erbin ließ er den Stein setzen.

Euch bittet die einzige Schwester des geliebten Bruders, bitte, beschädigt die Figuren nicht und zerstört dieses Werk nicht.

Z.2: *ala Vocontiorum* : RE s.v. ala 1269 (Cichorius): *ala Augusta Vocontiorum* stand, wie der Votivstein eines Decurio aus Newstead in Schottland (CIL VII 1880) zeigt, in Britannien. Auch eine rheinische Votivschrift (CIRh 67) nennt einen DEC. ALAE VOCONTIORUM EXERCITVS BRITANNICI. Die A. ist wohl identisch mit der *ala Vocontiorum*, die, wie der Grabstein eines Reiters (CIRh 161) beweist, im 1.Jh. in Germania inferior lag.

Z.3/4: *et vivis primae / sorori eius heredi f.c.* : wie Hettner meint, ungeschickt ausgedrückt für: *Silvanus sibi et sorori ... vivis f.c.*

Z.6: *amans* : hier im passiven Sinne: geliebt (vgl. OLD s.v.). *amans* kann einmal im passivischen Sinn übersetzt werden, wenn *fratris amantis* zu *soror unica* gezogen wird, es ist aber auch möglich *f.a.* zu *opus* zu ziehen.

dissigilare : nur in dieser Inschrift überliefert (Hapax legomenon): entsiegeln; Bücheler: *dissigilare i. rescindere sigilla fricata, verbum novum* .

Z.7: *nive* : Verschreibung für *neu* oder *niv* aufgrund des folgenden *violetis* (Dittographie); *nive* muß einsilbig gemessen werden, damit der Pentameter stimmig ist.

opus : hier: Kunstwerk, Teil oder Detail eines Kunstwerks

Hettner gibt an, daß die Schwester erst nach dem Tod ihres Bruders die beiden Verse (Z.5-7) anbringen ließ, was sich zum einen durch den Singular *rogitat* und *quaeso*, zum anderen durch die Beziehung απο κοινου von *fratris amantis* erklären läßt.

Leider ist der Wunsch der Schwester, diese Inschrift mit ihren Reliefs der Nachwelt zu erhalten, trotz der Ermahnung nicht befolgt worden, wie der heutige Zustand der Inschrift beweist.

Dieser Inschriftentyp, der den Vorübergehenden anspricht, ist recht weit verbreitet. Hier wird darum gebeten, das Grabmal nicht zu beschädigen, oft wird der Vorübergehende (*praeteriens, viator*) aufgefordert, des Verstorbenen zu gedenken, aber auch den eigenen Tod nicht aus dem Blick zu verlieren. Als

Beispiel sei hier eine weitere Inschrift aus dem Bonner Raum genannt (CIL XIII 8655):[1]

Vos qui transitis, nostri memores rogo sitis.
q(uo)d sumus h(o)c eritis, fuimus quandoque q(uod) estis.

Übersetzung
Ihr, die ihr vorbeigeht, ich bitte euch, seid unser eingedenk. Was wir sind, das werdet ihr sein, wir sind einst gewesen, was ihr (jetzt) seid.[2]

1 CIL XIII 8655 (= CEL 799); FO: Neuweiler, AO: RhLM, Bonn.

2 Vgl. auch CIL VIII 9913 = CEL 247:
Viator, quod tu, et ego, quod ego, et omnes.
Rossio, Inscr. Christ. Rom. II p.223 + 460:
Quisquis ades, qui morte cades, sta perlege plora.
sum quod eris, quod ante fui, pro me precor ora
Bücheler 1495: *Nihil sumus et fuimus mortales. respice lector,*
in nihil ab nihilo quam cito recidimus.
CIL X 7697 = CEL 808 : *Qui legis hunc titulum, mortalem te esse memento.*
CIL XI 6243: *Quod tu es, ego fui, quod nunc sum, et tu eris.*
CEL 801,4: *Quid sumus aut loquimur, vita est quid denique nostra?*
vel modo nobiscum vixit homo, nunc homo non est.
stat lapis et nomen tantum, vestigia nulla.
quid quasi iam vita est? non est quod quaerere cures

HIER RUHT METERIOLA

FO: Remagen 1892
AO: Bonn, Rheinisches Landesmuseum
Material: Trachyt (aus dem benachbarten Siebengebirge?)
Abm.: 163 cm 68 cm 21 cm (Worttrenner und Spatien nach CIL)
Zeit: aufgrund des Schriftcharakters und des echt römischen Namens der Verstorbenen gehört die Inschrift etwa in die 2.Hälfte des 5.Jh. [Klein, BJb93 (1892)]

HICIACET METERIOLA MIHI DVL
CISSIMA CONIUV QVI MECVM
LABORABIT MVLTIS ETPLVRIBVS A
4 NNIS QVE MIHI FVIT ANNVS XXIII
CONIVX ET ANNVS VIII ET MESES
SEPTE ET DIES XVIII SOROR IN DOMIN
O DO NOSRO hSV XPo QVI MIhI FAN
8 TI ABEAT OSTENDERE VIAS SVAS QAS
E O SEQERE PoSSEM

Hic iacet Meteriola mihi dul/cissima coniux
qui mecum / laborabit multis et pluribus a/nnis
que mihi fuit annus XXIII / coniux et annus VIII et
4 *meses / septe et dies XVIII soror in domin/o d(e)o nosro H(IE)su Chr(ist)o,*
qui mihi fan/ti abeat ostendere vias suas q(u)as / ego seqere possem.

In Z. 7/8 ist *fanti* zu lesen, in der Bedeutung: sprechen, verkünden

Übersetzung:
Hier liegt Meteriola, die mir die süßeste Gattin war,
die mit mir (gemeinsam) in vielen und langen Jahren Sorgen ertrug,
die mir 23 Jahre lang Ehefrau und 8 Jahre, 7 Monate und 18 Tage Schwester im Herrn, unseres Gottes Jesus Christus war,
der mir, der ich ihn verkünde, vermag seine Wege zu zeigen, damit ich ihnen folgen kann.

Ein namentlich nicht genannter Ehemann setzte seiner geliebten Ehefrau - *mihi dulcissima coniux* - den Stein. Der Name der Ehefrau wird nach der Einleitungsformel *hic iacet* genannt: *Meteriola* . Ferner wird erwähnt, daß sie ihm lange Jahre hindurch zur Seite stand: *qui (= quae) mecum laborabit (= laboravit) multis et pluribus annis* , und 23 Jahre mit ihm verheiratet war: *que (= quae) mihi fuit annus (= annos) XXIII coniux.*

Die folgende Zeitangabe bezieht sich auf die Taufe, d.h. wie lange Meteriola bereits Christin ist : *soror in domino deo nostro Hiesu Christo.*

Der Vers 6 bietet grammatisch einige Schwierigkeiten, doch bezieht sich, wie ich glaube das Rel. Pron. *qui* hier tatsächlich auf ein Masculinum (nicht wie in V.2 ein verunglücktes *quae*), nämlich auf *domino deo ... Christo.* Christus wird gebeten, dem Sprechenden seine Wege zu zeigen, denen er dann gern folgen möchte: *qas ego seqere possem.*[1]

In dieser Inschrift ist eine Häufung von vulgärlateinischen Elementen anzutreffen:

- Quantitätenkollaps, d.h. die langen und kurzen Vokale des Lateinischen wandeln sich zu offenen bzw. geschlossenen Vokalen. Daraus resultiert häufig eine Vertauschung und Verwechslung von i und e > e, ae und e > e; V 2: *qui* statt *que = quae* ; V 3: *que = quae* ;
- intervokalisches u [v] > b: *laborabit* statt *laboravit* (es wird kein Unterschied zwischen v und b gehört, was sich auch auf die Graphie auswirkt.)
- q anstelle qu: *qas = quas* ; *seqere = sequi*
- h im Anlaut schwindet: V 5: *abeat = habeat*
- n vor s schwindet: *coniux = coniunx* ; *meses = menses*

Abgesehen von diesen rein orthographischen Mängeln sind zwei Verbformen auffällig: *abeat ostendere* und *seqere possem* . Bei *abeat ostendere* handelt es sich um eine analytische Verbform.[2] *seqere* geht als Infinitiv des Deponens

1 Vgl.dazu Joh. 14,5: *Ego sum via et veritas et vita. Nemo venit ad Patrem nisi per me. Joh. 8.,12: Qui sequitur me, non ambulat in tenebris.* Zu 'Weg' vgl. Theolog. Wörterbuch, begr. v. Gerh. Kittel, hrsg. v. Gerh. Friedrich, Bd. 5 Ξ - ΠΑ s.v. οδος, S.46ff. 3. in religionsgeschichtlich bedeutsamen Aussagen: Ps. 36,5: Befiehl dem Herrn deine Wege. Gott behütet des Menschen Weg, Jdt. 13,16; Prov. 2,8. Das Sterben wird als Weg bezeichnet, den alle gehen müssen. (Jos. 23,14, IBac 2,2) und von dem man nicht wiederkehrt (Hi 16,22). Wege des Herrn werden die Wege, die die Menschen wandeln, genannt, weil der Herr sie befohlen hat.

2 Vgl. dazu E. Löfstedt, Syntactica (Studien und Beiträge zur histor. Syntax des Lateins, Lund 1933, II. Teil) S.65-73: volkstümlicher und weiter verbreitet ... ist diejenige Umschreibung des Futurbegriffs, die im Laufe der Zeit in einem sehr

Heinrich Böll zitiert die ersten drei Verse dieser Inschrift in seinem Roman "Billard um halb Zehn" und gibt eine vollständige Übersetzung des Epigramms. Er gibt sie anläßlich einer Führung zu den "Kindergräbern", die sich auf dem Gräberfeld unter der St. Severinkirche in Köln befinden.[2] Hier empfiehlt es sich, die Übersetzung Heinrich Bölls den Schülern nicht nur als Beispiel für das Fortwirken der Antike in der modernen Literatur vorzulegen. Ausgehend von der Übersetzung lassen sich Überlegungen anstellen, ob Böll als *poeta doctus* die Inschrift selbst bearbeitet und den Fundort verlegt hat oder ob er sich einer Vermittlung bediente. Was kann die Veränderung des Kausalsatzes *quod paradisus habet* (Z.4) zu einem Relativsatz und die vom Text abweichende Übersetzung der Altersangabe in Vers 5 bedeuten? Desideratus wurde 9 1/2 Jahre alt.

Dieses christliche Grabgedicht für den 9 Jahre alten Desideratus wurde wahrscheinlich von seinen Eltern verfaßt oder in Auftrag gegeben. Die Eltern beklagen das harte Schicksal – *dura condicio* –, das mit dem plötzlichen Tod ihres Kindes über sie hereinbricht – *frangit* . Doch wird den Eltern Trost zuteil, da sie wissen, daß ihr Kind nun im Paradies ist. Der christliche Glaube an ein Leben nach dem Tod wird hier besonders deutlich durch die Worte *spes aeterna* und *paradisus* .[3]

Während die ersten 4 Verse allgemein gültig sind und für alle (christlichen) Eltern gelten, die ihr Kind durch zu frühen Tod verloren haben, werden die letzten beiden Verse konkret und nennen das Alter und den Namen des Verstorbenen.

2 Heinrich Böll, Billard um halbzehn, DTV München [14]1985, Kap.13 , S.220.
Vgl. auch die Inschrift bei Cholodniak 339 (= Bücheler 456):
O *quam dura tibi ... it Fortuna, fateri, / q]uae te tam teneris annis sub Tartara misit:/ denos vix passa est annos te cernere lucem. / qu]od si longa magis duxissent fila sorores, / aequius is [l]apis complecteret ossa paterna.*

3 Daß es sich um eine christliche Inschrift handelt, ist schon an den beiden Tauben und dem A und Ω ersichtlich.

INSCHRIFT FÜR GAIUS GAVIUS CELER

gefunden: Mainz
AO: ?

C GAVIVS C FIL CELER
ANN XXI H S E
FIDVS VIXSISTI
SINE CRIMINE
GAVI HOC TIBI
PRO MERITIS SIT
TIBI TERRA LEVIS

C(aius) Gavius, C(ai) fil(ius), Celer /
ann(os) XXI h(ic) s(itus) e(st) /

Fidus vixsisti / sine crimine /, Gavi:
hoc tibi / pro meritis, sit / tibi terra levis.

Übersetzung:
Gaius Gavius Celer, Sohn des Gaius, 21 Jahre, liegt hier.
Du hast getreu ohne Vergehen gelebt, Gavus:
dies (wird) dir für deine Verdienste (aufgestellt), möge dir die Erde leicht sein.

Die Grabinschrift für Gaius Gavius Celer besteht aus dem Prosapraescript, das den vollen Namen des Bestatteten nennt, sowie das Alter angibt, ferner aus 5 Daktylen und einem metrisch korrekten Pentameter.

Die knappe Versinschrift gibt nur soviel über Gavius preis, daß er gelebt hat ohne sich etwas zuschulden kommen zu lassen. Daß ihm *fidus sine crimine* als Verdienste angerechnet werden, ist christliches Gedankengut. *fidus* heißt dann 'gläubig'. Über Herkunft und Beruf werden keine Angaben gemacht.

Die Inschrift schließt mit dem häufig in Grabinschriften anzutreffenden *sit tibi terra levis.* [1]

Auffällig ist die Konsonantenhäufung in *vixsisti* .

---

1 Zu dieser Formel vgl. Tibull II 4,50 und Martial IX 29,11.

MORD AM MAIN
INSCHRIFT FÜR IUCUNDUS

FO:	Mainz, Rosengasse
AO:	Mainz, Landesmuseum, Inv.Nr. S 260
	H 222 B 77 D 24 cm (Worttrenner)
Zeit:	1. Jh. n. Chr.

IVCVNDVS
M TERENTI L
PECVARIVS
4 PRAETERIENSQVICVM
QVELEGISCONSISTE
VIATORETVIDEQVAMIN
DIGNERAPTVSINANE
8 QVERARVIVERENON
POTVIPLVRESXXXPER
ANNOSNAMERVPVITSE
RVOSMIHIVITAMETIPSE
12 PRAECIPITEMSESSEDEIE
CITINAMNEMAPSTVLIT
HVICMOENVSQVOD
DOMINOERIPVIT
16 PATRONVSDESVOPOSVIT

(Hirtenszene)

Iucundus, / M(arci) Terenti(i) l(ibertus) /, pecuarius

1 *praeteriens quicum/que legis consiste / viator*
et vide quam in/digne raptus inane / querar
vivere non / potui plures triginta per / annos
4 *nam erupuit se/rvos mihi vitam et ipse /*
praecipitem sesse deie/cit in amnem
apstulit / huic Moenus quod / domino eripuit.

Patronus de suo posuit.

V. 4: *servos* statt *servus*

Übersetzung:

Iucundus, Freigelassener des Marcus Terentius, Viehhirt.

Wanderer, der du vorbeikommst, halt inne, der du dies liest, und siehe, wie unwürdig dahingerafft ich eitle Klage erhebe. Leben konnte ich nicht länger als 30 Jahre. Dann nahm mir ein Sklave das Leben und er selbst stürzte sich kopfüber in den Strom. Ihm raubte der Main, was er meinem Herrn entrissen, (das Leben). Der Patron ließ auf seine Kosten diesen Stein aufstellen.

Das Ansprechen des Vorbeigehenden ist häufig in Grabinschriften anzutreffen.[1] Auf diesem Stein wird dem *viator* berichtet, auf welche unwürdige Weise der Bestattete zu Tode kam: *et vide quam indigne raptus inane querar.* Er wurde nämlich von einem Sklaven getötet, doch der Mörder stürzte sich kopfüber in den Main und kam so ebenfalls zu Tode. Wahrscheinlich waren es die ungewöhnlichen Todesumstände, die Anlaß waren, eine ausführlichere Grabinschrift zu verfassen.

Obwohl es der Herr des Iucundus ist, der den Stein aufstellen ließ – *patronus de suo posuit* –, spricht der Verstorbene selbst den Vorübergehenden an und berichtet von seinem Schicksal. Man hat den Eindruck, daß er nicht ohne eine gewisse Schadenfreude davon spricht, daß auch sein Mörder ums Leben kam.

Das Prosapraescript nennt Namen, Alter und Berufsbezeichnung des Verstorbenen. Es folgen 6 Verse und der Nachsatz: *patronus de suo posuit.* Abgesehen von einem Hiat im 5. Versfuß des 4. Verses ist metrisch nichts zu beanstanden.

Es sind einige Vulgarismen bzgl. der Graphie anzutreffen, so in V. 4 *erupuit* statt *eripuit* (vgl. V.6, wo die korrekte Form zu finden ist), sowie die Verwechslung von o und u in *servos* statt *servus*. Ferner Doppel-*s* für stimmloses s in *sesse* (V.5) und die Verwechslung von p und b vor s (*apstulit* für *abstulit* in V.6).

1 Vgl. CEL 118 *Hospes resiste et nisi molestus, perlege ...*
Respice prateriens...
465 *Tu qui cumque legis titulum ferale sepulti*
1083 *Tu] qui praeteriens spectas mortis monu[mentum*
aspice quam i]ndigne sit data vita mihi.
1084 *Tu qui praeteriens legis hoc monimentum*

CAIUS SECCIUS LIBERTUS

FO: Mainz Zahlbach
AO: Mainz, Landesmuseum, Inv. Nr. S 3
Abm.: H: 142 cm B: 50 cm D: 20 cm (Worttrenner)
Zeit: 1.Jh. n.Chr.

C · SECCIVS · C · LIB
LESBIVS · ANXX
HIC · S · EST
4 CVM · MIHI · PRIMA · NO
VOS · SPARGEBAT · FLORE
IVENTVS · HEV · MISER · AE
TATIS · PRAEMIA · NVLLA · IV
8 LI · BIS · DENIS · MIHI · MORS
ANNIS · ACCESSIT · INIQVA
INGEMIT · ET · DAMNO · SEC
CIVS · ILLE · GRAVI · DI MELI
12 ORA PRECOR PRO NOSTR
MVNERA · CASV · SENTIAT
ET · PLVRES · POSSIT · HABERE
SVOS · HIC · TVMVLVM · TITV
16 LVMQ · MIHI · DONAVIT · HO
NORI · ET · PROPRIVM · NO
MEN · DISTINAT · IN · LAC
RVMAS · BENE · MERENTI

C(aius) Seccius C(ai) lib(ertus)
Lesbius an(norum) XX hic s(itus) est

Cum mihi prima no/vos spargebat flore<s> / iuventus,
heu, miser ae/tatis praemia nulla <t>u/li. [1]
Bis denis mihi mors / annis accessit iniqua /
4 *ingemit et damno Sec/cius ille gravi.*

1 Vermutlich hat der Steinmetz vergessen die Querhaste des T einzumeißeln.

Di, meli/ora, precor, pro nostr(o) / munera casu
sentiat / et plures possit habere / suos. [2]
Hic tumulum titu/lumq(ue) mihi donavit ho/nori
8 *et proprium no/men distinat in lac/rumas.* [3]
Bene merenti.

Übersetzung:
Caius Seccius Lesbius, Freigelassener des Gaius, 20 Jahre alt, liegt hier. Als mir die erste Jugendzeit frische Blumen streute, ach, hatte ich Armer keinen Genuß meines Alters. Als ich zweimal zehn Jahre alt war, nahte sich mir der ungerechte Tod. Es seufzt auch jener Seccius über den schweren Verlust. Ihr Götter, möge er – ich bitte darum – bessere Gaben für unser Schicksal kennenlernen und mehr von seiner Lebenszeit haben können. Dieses Grabmal und diese Inschrift widmete er mir zur Ehre und macht seinen eigenen Namen zum Gegenstand der Tränen. Dem Wohlverdienten.

Die Inschrift für Caius Seccius Lesbius besteht aus einem Prosapraescript und 8 Versen (Hexameter und Pentameter im Wechsel) und dem nachgestellten *bene merenti*. Die Verse lassen auf einen gebildeten Verfasser schließen, da sie Literaturzitate enthalten. So erinnert Vers 1 an Lucr. 2,144: *aurora novo cum spargit lumine terras*, aber es lassen sich auch Anklänge an Vergil Aen. VII 162: *pueri et primaevo flore iuventus* finden.

Caius Seccius war Freigelassener des Caius, der ihm diesen Stein setzen ließ. Es war üblich, daß die Freigelassenen – *liberti* – den Namen ihres ehemaligen Patronus annahmen. Der Patronus braucht daher hier nur mit dem Vornamen genannt zu werden. Die Pointe im letzten Vers ergibt sich aus dieser Namensgleichheit.

Es ist der Verstorbene selbst, der in diesem Grabgedicht spricht und sich über seinen zu frühen Tod beklagt. Da auch sein ehemaliger Patronus unter seinem Tod leidet – *ingemit et damno Seccius ille gravi* – erbittet er für ihn ein angenehmeres und vor allem längeres Leben. Die letzen beiden Verse sind als Dank des Freigelassenen für diese Inschrift zu verstehen und drücken noch einmal die Trauer des Patronus aus.

2 Zu *suos* ergänze *annos*.

3 In diesem Vers ist eine Verwechslung von *i* und *e* zu finden: *distinat* = *destinat*, sowie die archaische Schreibweise *lacrumas* für *lacrimas*

Inschrift für Paulla

INSCHRIFT FÜR PAULLA

FO:	Mainz, Schlesische Straße 20
AO:	Mainz, Landesmuseum; Inv. Nr. S 22
Abm.:	H 148 cm B 56 cm D 26 cm (Worttrenner)
Zeit:	1. Jh. n.Chr.

PAVLLA ·TI
IVLI · SELVANI
EX · CHOR · SVR
ANNO · XXIIX
H · S · E
OSPES · SI · VACVM
EST · TVMVLI · COG
NOSCERE · CASSVS
PERLEGE NAM MO
RTIS CAVSSA
DOLENDA FVVIT
DIC ROGO NVC IVVE
NIS SIT TIBI TERRA LEVIS

Paulla Ti(beri) / Iuli Selvani[1] */ ex c(o)hor(te) Sur(orum) / anno(rum) XXIIX / h(ic) s(ita) e(st)*

(H)ospes si vacu<u>m / est tumuli cog/noscere cassus /
perlege nam mo/rtis caussa / dolenda fu{u}it ./
Dic, rogo, nu<n>c: iuvenis, sit tibi terra levis.

V.1: *ospes* : anlautendes *h* ist geschwunden; *vacu<u>m*: Haplographie des *u*
V.2: *caussa* : Verdoppelung des stimmlosen *s*;[2]
V.3: *nuc* : lies: *nunc* ; *fu{u}it* : Dittographie des *u*

1 Die "syrische Eigentümlichkeit" *Sel-* statt *Sil-* ist in der lateinischen Sprache weitverbreitet, vgl. *Vergil – Virgil* , vgl. dazu Oxé, a.a.O.

2 Vgl. dazu Quint. I 7,20: *Quid quod Ciceronis temporibus paulumque infra fere quotiens s littera media vocalium longarum vel subiecta longis esset, geminabatur, ut 'caussae' 'cassus' 'divissiones'? Quo modo et ipsum et Vergilium quoque scripsisse manus eorum docent:*

Übersetzung:

Paulla, (Tochter[3] des) Tiberius Iulius Silvanus, von der Kohorte der Syrer, 28 Jahre alt, liegt hier.

Wanderer, wenn du Zeit hast, das Schicksal dieses Grabes zu erfahren, dann lies, denn die Ursache des Todes ist schmerzlich. Sprich darum jetzt: junge Frau[4], möge dir die Erde leicht sein.

Die Inschrift ist mit einer Zierleiste versehen, in deren oberem Teil Geräte weiblicher Schönheitspflege dargestellt sind: ein Doppelkamm in der Mitte, rechts davon zwei kleine Parfumflakons und links ein Doppelspiegel.

Der Wanderer wird angesprochen, er solle vom Schicksal der Verstorbenen Notiz nehmen – *cognoscere casus* – und die schmerzliche Ursache ihre Todes lesen – *perlege nam mortis causa dolenda* –, doch werden die Umstände ihres Todes nicht erwähnt. Denn außer der Einleitung und dem Schluß fehlt der Hauptteil, der den individuellen Bericht über ihr trauriges Schicksal enthalten müßte. Der Dedizierende scheint zwei Verse als metrische Versatzstücke für diese Inschrift zusammengestellt zu haben, die sich auf literarische Vorlagen zurückführen lassen.[5]

Klumbach und Oxé heben den "vulgären Charakter" der Inschrift hervor, der sich "im ersten Teil in der unzulänglichen Bezeichnung der beiden genannten Personen" zeigt. Es bleibt nämlich unklar, ob Paulla, Tochter, Ehefrau, Freigelassene des Selvanus war, auch die Syrerkohorte wird nicht näher bestimmt. Erstaunlich ist es jedoch, daß der Verfasser der Inschrift in der Lage war, Literaturzitate für seine Zwecke zusammenzustellen.

Die Formel *sit tibi terra levis* ist in Grabepigrammen weit verbreitet, aber wahrscheinlich ebenfalls ein Dichterzitat. (s. Inschrift für Gavius)

3 Oxé hält es für möglich, daß Paulla die Sklavin oder Konkubine des Tiberius Iulius Selvanus war.

4 *iuvenis* kann hier in der Bedeutung 'junge Frau' verstanden werden. Es handelt sich um eine dichterische Ausdrucksweise, die laut OLD bekannt. Vgl. dazu Suet. Aug. 31,4; Ov. Ars I 63; Phaedr. 2.2,5; Apul. Met. 7,21. In diesem Fall wird die Verstorbene durch den *hospes* apostrophiert. Denkbar ist aber auch die Übersetzung: Sprich darum jetzt, junger Mann: ... Hier ist es der Vorübergehende, der angesprochen wird.

5 Zu *vaccum est* vgl. Ov.Tr. II 239:*si, quod mallem, vacuum tibi forte fuisset, nullum legisses crimen in Arte mea*. Zu *cognoscere cassus* vgl. Verg. Aen. II 10: *sed si tantus amor casus cognoscere nostros*; Verg. Georg. II 490: *felix qui potuit rerum cognoscere casus* .

INSCHRIFT FÜR TROPHIMUS

FO: Mainz
AO: ?
keine Worttrenner; Abschrift nach Bücheler (= CIL XIII 11 895)

TROPHIMUS M MARI RVSTICI SER AN XX
H S E
AMISSVM MATER TRO
4 PHIMVM SI[N]E FINE DO
LETO FATAL[E H]OC VITIV
M EST PARC[AE] T E PVE
RO

Trophimus M(arci) Mari Rustici ser(vus) an(norum) XX
h(ic) s(itus) e(st)
Amissum mater Trophimum sine fine doleto.
Fatale hoc vitium est Parc[ae] te puero.[1]

Übersetzung:
Trophimus, Sklave des Marcus Marus Rusticus, 20 Jahre alt, liegt hier. Die Mutter muß nun Schmerz empfinden ohne Ende über den verlorenen Trophimus. Dies ist ein verhängnisvoller Fehler der Parze, da du (doch noch) ein Knabe warst.

fatale (,-is n. =*fatum* – das Verhängnis, Schicksal) wird häufig im Zusammenhang mit den Parzen erwähnt.[2] *fatale hoc vitium est* ist in dem Sinne zu deuten, daß die Reihenfolge des Sterbens verkehrt wurde, da der Sohn vor der Mutter stirbt. Es ist also ein Fehler des Schicksals, den Sohn anstelle der Mutter sterben zu lassen.

Die Einleitung des Versepitaphs erinnert an ein Martial-Gedicht, in dem ebenfalls von Trauer und Schmerz über einen Verstorbenen die Rede ist.[3]

1 *te puero* wird als Abl.abs. verstanden.

2 Vgl. dazu Tib. I 7,1 *parcae fatalia nentes stamina* ; CIL III 6475 *et mihi fatales cur rapuere dei.*

3 Vgl. Martial 1,33: *Amissum non flet cum sola est Gellia patrem ...*
Vgl. dazu ebenfalls CIL VI 30150: *Amissum mater cru[deli volnere natum*

Inschrift für Iulius Niger

INSCHRIFT FÜR IULIUS NIGER

FO:	Mainz-Bretzenheim (1769)
AO:	Landesmuseum Inv. Nr. S 122
Abm.:	H 152 cm, B 60 cm, D 18 cm
Zeit:	1. Viertel 1.Jh. n.Chr.

CIVLIVSCFVOL
CARCNIGER MI
LES LEGIIANNOR
XXXXV AER XVII
H S E
HOSPESADESPAVCISETPERLEGEVER
SIBVSACTAAETERNVMPATRIAEHIC
ERITIPSADOMVSHICERIT
INCLVSVSTVMV
LOHICIVLIVSIPSEHICCINISETCAROCOR
POREFACTVSERITCVMMEAIVCVNDE
AETASFLOREBATABANNISADVENITFATIS
TERMINVSIPSEMEISVLTIMVSIPSEFVIT
XXXXVANNVSCVMMIHIFATALISVE
NITACERBADIESHICEGONVNCCOGOR
STYGIASTRANSIREPALVDESSEDIBVSAETER
NISMEMEAFATITENENTMEMEMINICAE
LIANATVMCAROQVEPARENTEETMILESCOLLO
FORTITERARMATVLIGAVDIACRVDELISTRI
BVITMIHI[ ]N[ ]CVLTOSARTVSTER
RACINISQVE [ ]CIVLIVSCOGNATVS
MILESLEGII...

C(aius) Iulius C(ai) f(ilius) Vol(tinia tribu) |
Carc(asone) Niger milles leg(ionis) II annor(um) |
XXXXV aer(orum) XVII
h(ic) s(itus) e(st)

Übersetzung:
Gaius Julius Niger, Sohn des Gaius, aus der Tribus Voltina aus Carcaso, Soldat der 2. Legion, 45 Jahre alt, 17 Dienstjahre, liegt hier.

Hospes, ades paucis et perle[g]e versibus acta
aeternum patriae hic erit ipsa domus
hic erit inclusus tumulo hic Iulius ipse
Hic cinis et caro corpore factus erit
cum me[a] iucunde aetas florebat ab annis
advenit fatis terminus ips[e m]eis
ultimus ipse [f]uit xxxxv (quintus quadragesimus) annus
Cum mihi fatalis venit acerba di[es]
hic ego nunc cogor Stygias transire paludes
sedibus aeternis me mea fat[a] tenent
me memini Caelia natum Caroque [p]arente
et miles collo fortiter arm[a tu]li
tal]ia crudelis tribuit mihi [mu]n[era Parca
quo]i cultos artus terra cinisque [rapit
C(aius) Iulius Cognatus miles Leg(ionis II ...[1]

Übersetzung:

Fremder, bleib stehn und lies, was in wenigen Versen gesagt ist: für ewige Zeit ist hier mein heimisches Haus. Hier wird Julius selbst sein, hier in dem Grab eingeschlossen, hier aus dem teuren Leib wieder zu Asche geworden. Da ich glücklich in der Blüte meiner Jahre stand, kam das Ende für mein Schicksal näher. Zum letzten ist mir geworden das 45.Jahr, da nahte mir der verhängnisvolle bittere Tag. Hier nun bin ich gezwungen, die Stygischen Sümpfe zu durchschreiten, an ewigen Wohnsitzen hält mich mein Geschick gebannt. Ich erinnere mich, von Caelia geboren zu sein und von meinem Vater Carus, und als Soldat habe ich tapfer die Waffen auf dem Buckel getragen. Solche Gaben gewährte mir die grausame Parze, und die bestatteten Glieder umfängt Staub und Asche. Caius Julius Cognatus, Soldat der 2. Legion (setzte den Stein).

Das Prosapraescript der Inschrift, die von einem Mitsoldaten aus der 2. Legion gesetzt wurde, nennt den Namen des Verstorbenen, seine Tribus und seinen militärischen Rang. Er stammte vermutlich aus Carcaso, dem heutigen Carcasonne. Die folgenden Verse enthalten eine Klage über den frühen Tod des Iulius Niger. Der Vorübergehende wird gebeten für einen Moment innezuhalten, um das Grabepigramm des Iulius zu lesen. Aus der Formulierung *hic cinis et caro corpore factus erit* ergibt sich, daß in der Antike die Toten kremiert und ihre Asche beigesetzt wurde.

1 Ergänzungen in den Versen 13 und 14 nach Bücheler CEL 1005.

Auch Iulius Niger beklagt sich, daß er bereits in der Blüte seiner Jahre – mit 45 Jahren – sterben mußte, ein bereits aus anderen Inschriften bekannter Topos.

Der Tod wird durch *fatalis acerba dies* umschrieben. Von den Jenseitsvorstellungen der Antike erfährt der Leser, daß man nach dem Tod durch die stygischen Sümpfe in die Unterwelt gelangt, wo man dann für immer bleiben wird – *sedibus aeternis* .[2]

Im folgenden werden die Eltern des Verstorbenen erwähnt. *caro* ist hier vermutlich nicht als Adjektiv zu *parente* (= *patre*) zu ziehen, sondern als Name des Vaters zu verstehen.

2 *Stygias paludes* : vgl. Verg. VI 323 / 369; vgl. Bücheler 1212,5;
sedibus aeternis : vgl. CIL X 1804: *pater sedem aeternam karissimi Fili dis manibus consecravit*

Inschrift für ein kleines Mädchen

INSCHRIFT FÜR EIN KLEINES MÄDCHEN

FO: Ende September 1861 am Mitternachtsplatz
AO: Mainz, Rheinisches Landesmuseum, Inv.Nr. S 996
Abm.: H 182 cm B 72 cm D 45 cm
Dat. 2.-3. Jh. n.Chr.

D M
TELESPHORISET
MARITVSEIVSPARENTES
4 FILIAEDVLCISSIMAE
QVERINECESSEESTDE
PVELLVLADVLCI
NETVIVISSESSIFVTVRA
8 TAMGRATABREVIREVERTI
VNDENOBISEDITA
NATIVOMESSETETPAREN
TIBVSLVCTV
12 SEMISSEMANNIVIXIT
ETDIESOCTO
ROSASIMVLFLOIVIT
ETSTATIMPERIIT

D(is) M(anibus)
Telesphoris et / maritus eius parentes / filiae dulcissimae /
queri necesse est de / puellula dulci /
ne tu <v>ivisses / si futura / tam grata
brevi reverti / unde nobis edita
4 *nativom esset et parentibus luctu /*
semissem anni vixit / et dies octo /
rosa simul florivit / et statim periit

V.2 lies: *vivisses* - Haplographie des *v*

Übersetzung:

Den Totengöttern. Telesphoris und ihr Gatte, die Eltern, für ihre süße kleine Tochter.

Klagen muß man über das süße kleine Mädchen. O daß du nie gewesen wärest, wenn du so lieb werden solltest und doch bei deiner Geburt dir bestimmt war, nach kurzer Zeit dahin zurückzukehren, von wo du uns gegeben. Deinen Eltern zum Schmerz. Die Hälfte eines Jahres lebte es und acht Tage, es erblühte mit der Rose zugleich und verwelkte bald.

Oberhalb der Inschrift ist ein Relief mit einem Säugling, der eine Rassel (?) in der Hand hält, angebracht.

Die Eltern, *Telesphoris et maritus eius* , betrauern ihre allzu früh verstorbene Tochter. Nur die Mutter des Mädchens wird namentlich genannt. Die Tochter *filia dulcissima* wird nicht mit Namen genannt. In Z.5 beginnt die Versinschrift, die aus 6 iambischen Senaren besteht.[1] Thema dieser Verse ist das Klagen der Eltern über den zu frühen Tod der Tochter. Es folgt der irreale Wunsch, daß sie doch nie gelebt hätte, da sie ja schon nach kurzer Zeit, nur 6 Monaten und 8 Tagen, dorthin zurückkehrte, woher sie kam und die Eltern in großer Trauer zurückließ.

Es existiert noch eine zweite Inschrift, die mit der oben beschriebenen Inschrift einschließlich der bildlichen Darstellung identisch ist, jedoch bricht sie nach 6 1/2 Zeilen ab. Vermutlich wurde dieser Stein zuerst angefertigt. Als der Steinmetz feststellen mußte, daß er die Buchstabenhöhe zu großzügig kalkuliert hatte und der verbleibende Platz für die Verse nicht mehr ausreicht, wurde eine weitere Inschrift angefertigt.

1 Vgl. Grotefend, Philologus 20 (1863) S.535: Zu der dort gegebenen erklärung der inschrift bemerke ich hier auf anregung des prof. Teuffel noch folgendes: die inschrift besteht aus vier skazonten und zwei reinen trimetern, die sogar mit aussnahme des zweiten verses durch die zeilenabtheilung auf dem steine angedeutet sind. In v.3 ist bei *reverti unde* , inv.4 bei *nativom esset* , in v. 5 bei *semissem anni* die elision vernachlässigt. Im letzten verse ist *rosa simul* für *simul cum rosa* zu nehmen, wie bei Silius Ital. v 418: *Avulsa est nam protinus hosti simul cervix*

DIE ARTEMIA-INSCHRIFT ALS ERGEBNISKONTROLLE

Wie bereits erwähnt eignet sich die Inschrift für Artemia gut zur Kontrolle und Sicherung der Unterrichtsergebnisse. Der Test gliedert sich in zwei Teile, die nacheinander bearbeitet werden sollten. Teil 1 besteht aus 3 Aufgaben: Fragen nach der Art der Inschrift und der erwähnten Person. Die Aufgabe zur Wortabtrennung soll zeigen, ob die Schüler in der Lage sind, im Unterricht Erlerntes auf eine unbekannte Inschrift zu übertragen.

Die Buchstabengruppe XRM wird Rätsel aufgeben und vermutlich auch zu falschen Auflösungen führen (z.B. als Zahlzeichen gedeutet werden), das sollte nicht als Fehler gewertet werden. Außerdem kann die Buchstabengruppe VISVET (= *visu et*) Probleme aufwerfen, da V einmal für *v* und einmal für *u* steht.

Für diesen ersten Aufgabenteil sind 10-15 Minuten vorgesehen.

Im zweiten Teil (ca. 30 Min.) eine schriftliche Übersetzung der Inschrift und Fragen zum Text zu verlangen, halte ich für eine zu umfangreiche Aufgabenstellung. Daher habe ich mich auf Fragen zum Text beschränkt.

Die Inschrift wurde für die 4jährige Artemia von ihren Eltern aufgestellt. Artemia wird als süßes und äußerst begabtes Kind beschrieben: *dulcis, aptissimus infans*, nett anzusehen visu *grata* . Außerdem scheint sie ein kleines Plappermäulchen gewesen zu sein: *verbis dulcissima cunctis* .

Daß es sich um eine christliche Inschrift handelt, läßt sich an den Worten *caelestia regna* festmachen. Auch die Buchstabengruppe XRM (= CHRM) ist ein Indiz für eine christliche Inschrift und muß im Kontext mit *ad* zu *ad Christum* aufgelöst werden.

Als grammatikalische Unstimmigkeiten sind in Aufgabe 4.a. *iacit* statt *iacet* und *aptissimus* zu nennen. Für das erste Beispiel ist ein Verschreiben des Steinmetzes anzunehmen, da *i* und *e* leicht zu verwechseln sind. (Quantitätenkollaps) Zur Junktur *aptissimus infans*, die maskuline Form steht hier zur Vermeidung des Hiates *aptissima infans*, werden die Schüler vermutlich noch andere Lösungen anbieten. Wenn diese Lösungen schlüssig dargelegt werden, sollten sie auch positiv bewertet werden.

Test (1. Teil) Name: ______________________________

Die folgende Inschrift wurde in Köln bei St. Gereon gefunden.

HICIACITARTEMIA
DVLCISAPTISSIMVSINF
ANSETVISVGRATAET
VERBISDVLCISSIMA
CVNCTISQVATTVOR
INQVINTO ADXRM
DETVLITANNOS
INNOCENSSVBI
TOADCAELESTIA
REGNATRANSIVIT

1. Um welche Art von Inschrift handelt es sich ? ______________________

2. Teilen Sie die Worte ab.

3. Wie lautet der Name der erwähnten Person ? ______________________

Test (2. Teil) Name: ______________________________

Die Inschrift besteht aus vier Hexametern.

Hic iacit Artemia | dulcis, aptissimus inflans
et visu grata et | verbis dulcissima | cunctis.
quattuor | in quinto ad XRM | detulit annos,
innocens subi|to ad caelestia | regna transivit.

V. 1	*aptissimus* < *aptus* : geeignet, hier: aufgeweckt
V. 2	*visus, -us* – die Erscheinung
V. 3	*XRM* – X (griech. Buchstabe) = CH
	detulit < *deferre* : herabtragen, ~führen, hier: gehen
V. 4	*transivit* = *transiit*

Aufgaben:

1. a. Für wen wurde die Inschrift aufgestellt ?
   b. Von wem (vermutlich)?
2. Was erfahren wir über die verstorbene Person ?
   Geben Sie die lateinischen Schlüsselwörter an.
3. Gibt es Hinweise im Text, ob es sich um eine heidnische oder um eine christliche Inschrift handelt ? Begründen Sie kurz Ihren Standpunkt.

freiwillig:

4. a. Im ersten Vers sind zwei grammatikalische Unstimmigkeiten. Welche ?
   b. Können Sie sich erklären, wie es dazu gekommen ist ?

DAS LEIDENER KLAMMERSYSTEM

---	Lücke unbestimmbarer Größe
...	Anzahl der fehlenden Buchstaben
( )	Auflösung von Abkürzungen
[ ]	Ergänzung auf dem Stein nicht vorhandener Buchstaben
{ }	vom Herausgeber getilgt (z.B. bei Dittographie)
< >	vom Herausgeber geändert oder hinzugefügt (z.B. bei Haplographie)
/ oder |	Zeilenumbruch

ABKÜRZUNGSVERZEICHNIS

Abb.	Abbildung
AO	Aufbewahrungsort
BH	Buchstabenhöhe
BJb	Bonner Jahrbücher (Bd.) Jahrgang
CIL	Corpus Inscriptionum Latinarum
CEL	Carmina Epigraphica Latina
FO	Fundort
Inv.Nr.	Inventarnummer
l.	links
LM	Landesmuseum Mainz
o.	oben
OLD	Oxford Latin Dictionary
r.	rechts
RGM	Römisch-Germanisches Museum, Köln
RhLM	Rheinisches Landesmuseum, Bonn
Taf.	Tafel
u.	unten
V.	Vers
Z.	Zeile
ZPE	Zeitschrift für Papyrologie und Epigraphik

LITERATURVERZEICHNIS

Binsfeld, W., Früchristliche Steininschriften, in: Frühchristliches Köln (Köln 1965) 59-64 (= Binsfeld)

Brambach, Wilhelm, Corpus Inscriptionum Rhenanarum, Elberfeld 1867 (= Brambach, CIRh)

Bücheler, Fritz, Carmina Latina Epigraphica, I-III Leipzig 1897-1930 (= Bücherler, CEL)

Corpus Inscriptionum Latinarum (= CIL) XIII. Inscriptiones trium Galliarum et Germaniarum Latinae, ed. O.Hirschfeld et C.Zangemeister, Berlin 1905

Engström, Einar, Carmina latina epigraphica, Göteborg und Leipzig 1912

Fraenkel, Eduard, Namenwesen, Die lateinischen Personennamen, in: Pauly Wissowa (RE) XVI 2 (1835) coll. 1648-70

Fremersdorf, Fritz, Urkunden zur Kölner Stadtgeschichte aus römischer Zeit (Die Denkmäler des röm. Köln Bd. II), Köln ²1963

Galsterer, Brigitte und Hartmur, Die römischen Steininschriften aus Köln, Wissenschaftliche Kataloge des Römisch-Germanischen Museums Köln, Band II, Köln 1975 (= Galsterer)

Hettner, Felix, Katalog des königlichen Rheinischen Museums vaterländischer Alterthümer bei der Universität Bonn, Bonn 1876

Hüpsch, Epigrammatographia sive collectio inscriptionum antiquioris medii et recentioris aevi provinciarum Germaniae inferioris, Köln 1801

Klinkenberg, J, Die röm.-christl. Grabinschriften Kölns, in: Programm des kgl. kath. Gymnasiums an Marzellen zu Köln, Schuljahr 1890-91, Köln 1891, 1-17 (= Klinkenberg 1891)

ders., Die römischen Grabdenkmäler Kölns, Bonner Jahrbücher 108/109 (1902), 80-184

ders., Das römische Köln, in: Die Kunstdenkmäler der Stadt Köln, Düsseldorf 1906 = Die Kunstdenkmäler der Rheinprovinz 6, I u.II), 133-393 (= Klinkenberg 1906)

Kölner Römer Illustrierte 1, Köln 1974

Kraus, Franz Xaver, Die altchristlichen Inschriften der Rheinlande, 2 Theile, Freiburg 1890/94

Lattimore, R., Themes in Greek and Latin epitaphs, Urbana (Ill.) 1942

Lehner, Hans, Die antiken Steindenkmäler des Provinzialmuseums in Bonn , Bonn 1918

Lersch, Laurenz, Centralmuseum rheinländischer Inschriften, Bonn 1839-42

Löfstedt, Einar, Syntactica, Studien und Beiträge zur historischen Syntax des Lateins I + II, Lund 1933

Meyer, Ernst, Einführung in die lateinische Epigraphik, Darmstadt ^{2}1983

Onomasticon totius Latinitatis (Lexcicon totius latinitatis ed. Aegidius Forcellini) ed. Vincentius De-Vit, Prati 1859-1867

Riese, Alexander, Das rheinische Germanien in den antiken Inschriften, Leipzig-Berlin 1914, Nachdruck Groningen 1968

Römer am Rhein, Ausstellung des RGM Köln 15. April - 30. Juni 1967, Köln 1967

Römische Steindenkmäler, Mainz in Römischer Zeit, Bd. I, Mainz 1988 (= Röm. Steindenkmäler)

ABBILDUNGSVERZEICHNIS

987 654 321